全国普法学习读本

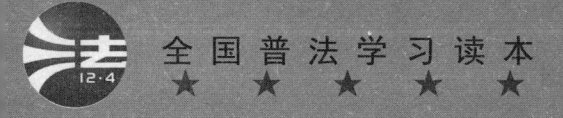

最新民事民商类法律法规读本

金融证券法律法规读本
金融综合法律法规

曾 朝 主编

加大全民普法力度,建设社会主义法治文化,树立宪法法律至上、法律面前人人平等的法治理念。
——中国共产党第十九次全国代表大会《决胜全面建成小康社会 夺取新时代中国特色社会主义伟大胜利》

汕头大学出版社

图书在版编目（CIP）数据

金融综合法律法规/曾朝主编． -- 汕头：汕头大学出版社，2023.4（重印）

（金融证券法律法规读本）

ISBN 978-7-5658-3322-9

Ⅰ．①金… Ⅱ．①曾… Ⅲ．①金融法-中国-学习参考资料 Ⅳ．①D922.280.4

中国版本图书馆 CIP 数据核字（2018）第 000656 号

金融综合法律法规　JINRONG ZONGHE FALÜ FAGUI

主　　编：	曾　朝
责任编辑：	邹　峰
责任技编：	黄东生
封面设计：	大华文苑
出版发行：	汕头大学出版社
	广东省汕头市大学路 243 号汕头大学校园内　邮政编码：515063
电　　话：	0754-82904613
印　　刷：	三河市元兴印务有限公司
开　　本：	690mm×960mm 1/16
印　　张：	18
字　　数：	226 千字
版　　次：	2018 年 1 月第 1 版
印　　次：	2023 年 4 月第 2 次印刷
定　　价：	59.60 元（全 2 册）

ISBN 978-7-5658-3322-9

版权所有，翻版必究

如发现印装质量问题，请与承印厂联系退换

前 言

习近平总书记指出:"推进全民守法,必须着力增强全民法治观念。要坚持把全民普法和守法作为依法治国的长期基础性工作,采取有力措施加强法制宣传教育。要坚持法治教育从娃娃抓起,把法治教育纳入国民教育体系和精神文明创建内容,由易到难、循序渐进不断增强青少年的规则意识。要健全公民和组织守法信用记录,完善守法诚信褒奖机制和违法失信行为惩戒机制,形成守法光荣、违法可耻的社会氛围,使遵法守法成为全体人民共同追求和自觉行动。"

中共中央、国务院曾经转发了中央宣传部、司法部关于在公民中开展法治宣传教育的规划,并发出通知,要求各地区各部门结合实际认真贯彻执行。通知指出,全民普法和守法是依法治国的长期基础性工作。深入开展法治宣传教育,是全面建成小康社会和新农村的重要保障。

普法规划指出:各地区各部门要根据实际需要,从不同群体的特点出发,因地制宜开展有特色的法治宣传教育坚持集中法治宣传教育与经常性法治宣传教育相结合,深化法律进机关、进乡村、进社区、进学校、进企业、进单位的"法律六进"主题活动,完善工作标准,建立长效机制。

特别是农业、农村和农民问题,始终是关系党和人民事业发展的全局性和根本性问题。党中央、国务院发布的《关于推进社会主义新农村建设的若干意见》中明确提出要"加强农村法制建设,深入开展农村普法教育,增强农民的法制观念,提高农民依法行使权利和履行义务的自觉性。"多年普法实践证明,普及法律知识,提高法制观念，增强全社会依法办事意识具有重要作用。特别是在广大农村进行普法教育，是提高全民法律素质的需要。

多年来，我国在农村实行的改革开放取得了极大成功，农村发生了翻天覆地的变化，广大农民生活水平大大得到了提高。但是，由于历史和社会等原因，现阶段我国一些地区农民文化素质还不高，不学法、不懂法、不守法现象虽然较原来有所改变，但仍有相当一部分群众的法制观念仍很淡化，不懂、不愿借助法律来保护自身权益，这就极易受到不法的侵害，或极易进行违法犯罪活动，严重阻碍了全面建成小康社会和新农村步伐。

为此，根据党和政府的指示精神以及普法规划，特别是根据广大农村农民的现状，在有关部门和专家的指导下，特别编辑了这套《全国普法学习读本》。主要包括了广大人民群众应知应懂、实际实用的法律法规。为了辅导学习，附录还收入了相应法律法规的条例准则、实施细则、解读解答、案例分析等；同时为了突出法律法规的实际实用特点，兼顾地方性和特殊性，附录还收入了部分某些地方性法律法规以及非法律法规的政策文件、管理制度、应用表格等内容，拓展了本书的知识范围，使法律法规更"接地气"，便于读者学习掌握和实际应用。

在众多法律法规中，我们通过甄别，淘汰了废止的，精选了最新的、权威的和全面的。但有部分法律法规有些条款不适应当下情况了，却没有颁布新的，我们又不能擅自改动，只得保留原有条款，但附录却有相应的补充修改意见或通知等。众多法律法规根据不同内容和受众特点，经过归类组合，优化配套。整套普法读本非常全面系统，具有很强的学习性、实用性和指导性，非常适合用于广大农村和城乡普法学习教育与实践指导。总之，是全国全民普法的良好读本。

目 录

国家最新金融政策

关于构建绿色金融体系的指导意见 …………………………………… (1)
关于金融助推脱贫攻坚的实施意见 …………………………………… (9)
关于金融支持制造强国建设的指导意见 ……………………………… (16)
财政部、税务总局关于延续支持农村金融发展有关
　税收政策的通知 ……………………………………………………… (24)
国家发展改革委、中国银监会关于取消和暂停商业银行部分基础
　金融服务收费的通知 ………………………………………………… (26)
中国人民银行、银监会关于加大对新消费领域金融支持的
　指导意见 ……………………………………………………………… (28)

金融机构反洗钱规定

金融机构反洗钱规定 …………………………………………………… (31)

中华人民共和国担保法

第一章　总　则 ………………………………………………………… (38)
第二章　保　证 ………………………………………………………… (39)
第三章　抵　押 ………………………………………………………… (42)
第四章　质　押 ………………………………………………………… (47)
第五章　留　置 ………………………………………………………… (50)
第六章　定　金 ………………………………………………………… (51)
第七章　附　则 ………………………………………………………… (51)

贷款通则

第一章　总　　则 …………………………………… (52)
第二章　贷款种类 …………………………………… (53)
第三章　贷款期限和利率 …………………………… (54)
第四章　借款人 ……………………………………… (55)
第五章　贷款人 ……………………………………… (57)
第六章　贷款程序 …………………………………… (58)
第七章　不良贷款监管 ……………………………… (60)
第八章　贷款管理责任制 …………………………… (61)
第九章　贷款债权保全和清偿的管理 ……………… (62)
第十章　贷款管理特别规定 ………………………… (63)
第十一章　罚　则 …………………………………… (64)
第十二章　附　则 …………………………………… (67)
附　录
　中国人民银行助学贷款管理办法 ………………… (68)
　最高人民法院关于审理民间借贷案件适用法律
　　若干问题的规定 ………………………………… (70)

个人贷款管理暂行办法

第一章　总　　则 …………………………………… (77)
第二章　受理与调查 ………………………………… (78)
第三章　风险评价与审批 …………………………… (79)
第四章　协议与发放 ………………………………… (80)
第五章　支付管理 …………………………………… (81)
第六章　贷后管理 …………………………………… (82)
第七章　法律责任 …………………………………… (82)
第八章　附　则 ……………………………………… (83)

农户贷款管理办法

第一章　总　则 ……………………………………………（85）
第二章　管理架构与政策 …………………………………（86）
第三章　贷款基本要素 ……………………………………（87）
第四章　受理与调查 ………………………………………（88）
第五章　审查与审批 ………………………………………（89）
第六章　发放与支付 ………………………………………（90）
第七章　贷后管理 …………………………………………（91）
第八章　激励与约束 ………………………………………（92）
第九章　附　则 ……………………………………………（93）

中国人民银行个人住房贷款管理办法

第一章　总　则 ……………………………………………（95）
第二章　贷款对象和条件 …………………………………（95）
第三章　贷款程序 …………………………………………（96）
第四章　贷款期限与利率 …………………………………（96）
第五章　抵　押 ……………………………………………（97）
第六章　质押和保证 ………………………………………（98）
第七章　房屋保险 …………………………………………（99）
第八章　借款合同的变更和终止 …………………………（99）
第九章　抵押物或质物的处分 ……………………………（99）
第十章　附　则 ……………………………………………（100）

汽车贷款管理办法

第一章　总　则 ……………………………………………（101）
第二章　个人汽车贷款 ……………………………………（102）
第三章　经销商汽车贷款 …………………………………（103）

— 3 —

第四章　机构汽车贷款 …………………………………………（104）
第五章　风险管理 ………………………………………………（105）
第六章　附　则 …………………………………………………（106）

储蓄管理条例

第一章　总　则 …………………………………………………（107）
第二章　储蓄机构 ………………………………………………（108）
第三章　储蓄业务 ………………………………………………（109）
第四章　储蓄存款利率和计息 …………………………………（110）
第五章　提前支取、挂失、查询和过户 ………………………（111）
第六章　法律责任 ………………………………………………（111）
第七章　附　则 …………………………………………………（112）

非法金融机构和非法金融业务活动取缔办法

第一章　总　则 …………………………………………………（113）
第二章　取缔程序 ………………………………………………（115）
第三章　债权债务的清理清退 …………………………………（116）
第四章　罚　则 …………………………………………………（116）
第五章　附　则 …………………………………………………（117）

中华人民共和国人民币管理条例

第一章　总　则 …………………………………………………（119）
第二章　设计和印制 ……………………………………………（120）
第三章　发行和回收 ……………………………………………（121）
第四章　流通和保护 ……………………………………………（122）
第五章　罚　则 …………………………………………………（124）
第六章　附　则 …………………………………………………（126）
附　录
　　中国人民银行残缺污损人民币兑换办法 …………………（127）

中国人民银行假币收缴、鉴定管理办法

第一章　总　则 …………………………………………（130）

第二章　假币的收缴 ……………………………………（131）

第三章　假币的鉴定 ……………………………………（132）

第四章　罚　则 …………………………………………（133）

第五章　附　则 …………………………………………（134）

国家最新金融政策

关于构建绿色金融体系的指导意见

(2016年8月31日,经国务院同意,中国人民银行、财政部等七部委联合印发)

目前,我国正处于经济结构调整和发展方式转变的关键时期,对支持绿色产业和经济、社会可持续发展的绿色金融的需求不断扩大。为全面贯彻《中共中央 国务院关于加快推进生态文明建设的意见》和《生态文明体制改革总体方案》精神,坚持创新、协调、绿色、开放、共享的发展理念,落实政府工作报告部署,从经济可持续发展全局出发,建立健全绿色金融体系,发挥资本市场优化资源配置、服务实体经济的功能,支持和促进生态文明建设,经国务院同意,现提出以下意见。

一、构建绿色金融体系的重要意义

(一)绿色金融是指为支持环境改善、应对气候变化和资源节约高效利用的经济活动,即对环保、节能、清洁能源、绿色交通、绿色建筑等领域的项目投融资、项目运营、风险管理等所提供的金融服务。

(二)绿色金融体系是指通过绿色信贷、绿色债券、绿色股票指数和相关产品、绿色发展基金、绿色保险、碳金融等金融工具和相关政策支持经济向绿色化转型的制度安排。

（三）构建绿色金融体系主要目的是动员和激励更多社会资本投入到绿色产业，同时更有效地抑制污染性投资。构建绿色金融体系，不仅有助于加快我国经济向绿色化转型，支持生态文明建设，也有利于促进环保、新能源、节能等领域的技术进步，加快培育新的经济增长点，提升经济增长潜力。

（四）建立健全绿色金融体系，需要金融、财政、环保等政策和相关法律法规的配套支持，通过建立适当的激励和约束机制解决项目环境外部性问题。同时，也需要金融机构和金融市场加大创新力度，通过发展新的金融工具和服务手段，解决绿色投融资所面临的期限错配、信息不对称、产品和分析工具缺失等问题。

二、大力发展绿色信贷

（五）构建支持绿色信贷的政策体系。完善绿色信贷统计制度，加强绿色信贷实施情况监测评价。探索通过再贷款和建立专业化担保机制等措施支持绿色信贷发展。对于绿色信贷支持的项目，可按规定申请财政贴息支持。探索将绿色信贷纳入宏观审慎评估框架，并将绿色信贷实施情况关键指标评价结果、银行绿色评价结果作为重要参考，纳入相关指标体系，形成支持绿色信贷等绿色业务的激励机制和抑制高污染、高能耗和产能过剩行业贷款的约束机制。

（六）推动银行业自律组织逐步建立银行绿色评价机制。明确评价指标设计、评价工作的组织流程及评价结果的合理运用，通过银行绿色评价机制引导金融机构积极开展绿色金融业务，做好环境风险管理。对主要银行先行开展绿色信贷业绩评价，在取得经验的基础上，逐渐将绿色银行评价范围扩大至中小商业银行。

（七）推动绿色信贷资产证券化。在总结前期绿色信贷资产证券化业务试点经验的基础上，通过进一步扩大参与机构范围，规范绿色信贷基础资产遴选，探索高效、低成本抵质押权变更登记方式，提升绿色信贷资产证券化市场流动性，加强相关信息披露管理等举措，推动绿色信贷资产证券化业务常态化发展。

（八）研究明确贷款人环境法律责任。依据我国相关法律法规，借鉴环境法律责任相关国际经验，立足国情探索研究明确贷款人尽职免责要求和环境保护法律责任，适时提出相关立法建议。

（九）支持和引导银行等金融机构建立符合绿色企业和项目特点的信贷管理制度，优化授信审批流程，在风险可控的前提下对绿色企业和项目加大支持力度，坚决取消不合理收费，降低绿色信贷成本。

（十）支持银行和其他金融机构在开展信贷资产质量压力测试时，将环境和社会风险作为重要的影响因素，并在资产配置和内部定价中予以充分考虑。鼓励银行和其他金融机构对环境高风险领域的贷款和资产风险敞口进行评估，定量分析风险敞口在未来各种情景下对金融机构可能带来的信用和市场风险。

（十一）将企业环境违法违规信息等企业环境信息纳入金融信用信息基础数据库，建立企业环境信息的共享机制，为金融机构的贷款和投资决策提供依据。

三、推动证券市场支持绿色投资

（十二）完善绿色债券的相关规章制度，统一绿色债券界定标准。研究完善各类绿色债券发行的相关业务指引、自律性规则，明确发行绿色债券筹集的资金专门（或主要）用于绿色项目。加强部门间协调，建立和完善我国统一的绿色债券界定标准，明确发行绿色债券的信息披露要求和监管安排等。支持符合条件的机构发行绿色债券和相关产品，提高核准（备案）效率。

（十三）采取措施降低绿色债券的融资成本。支持地方和市场机构通过专业化的担保和增信机制支持绿色债券的发行，研究制定有助于降低绿色债券融资成本的其他措施。

（十四）研究探索绿色债券第三方评估和评级标准。规范第三方认证机构对绿色债券评估的质量要求。鼓励机构投资者在进行投资决策时参考绿色评估报告。鼓励信用评级机构在信用评级过程中专门评估发行人的绿色信用记录、募投项目绿色程度、环境成本对发行人及债项信用等级的影响，并在信用评级报告中进行单独披露。

（十五）积极支持符合条件的绿色企业上市融资和再融资。在符合发行上市相应法律法规、政策的前提下，积极支持符合条件的绿色企业按照法定程序发行上市。支持已上市绿色企业通过增发等方式进行再融资。

（十六）支持开发绿色债券指数、绿色股票指数以及相关产品。鼓励相关金融机构以绿色指数为基础开发公募、私募基金等绿色金融产品，满足投资者需要。

（十七）逐步建立和完善上市公司和发债企业强制性环境信息披露制度。对属于环境保护部门公布的重点排污单位的上市公司，研究制定并严格执行对主要污染物达标排放情况、企业环保设施建设和运行情况以及重大环境事件的具体信息披露要求。加大对伪造环境信息的上市公司和发债企业的惩罚力度。培育第三方专业机构为上市公司和发债企业提供环境信息披露服务的能力。鼓励第三方专业机构参与采集、研究和发布企业环境信息与分析报告。

（十八）引导各类机构投资者投资绿色金融产品。鼓励养老基金、保险资金等长期资金开展绿色投资，鼓励投资人发布绿色投资责任报告。提升机构投资者对所投资资产涉及的环境风险和碳排放的分析能力，就环境和气候因素对机构投资者（尤其是保险公司）的影响开展压力测试。

四、设立绿色发展基金，通过政府和社会资本合作（PPP）模式动员社会资本

（十九）支持设立各类绿色发展基金，实行市场化运作。中央财政整合现有节能环保等专项资金设立国家绿色发展基金，投资绿色产业，体现国家对绿色投资的引导和政策信号作用。鼓励有条件的地方政府和社会资本共同发起区域性绿色发展基金，支持地方绿色产业发展。支持社会资本和国际资本设立各类民间绿色投资基金。政府出资的绿色发展基金要在确保执行国家绿色发展战略及政策的前提下，按照市场化方式进行投资管理。

（二十）地方政府可通过放宽市场准入、完善公共服务定价、实施特许经营模式、落实财税和土地政策等措施，完善收益和成本风险共担机制，支持绿色发展基金所投资的项目。

（二十一）支持在绿色产业中引入PPP模式，鼓励将节能减排

降碳、环保和其他绿色项目与各种相关高收益项目打捆，建立公共物品性质的绿色服务收费机制。推动完善绿色项目PPP相关法规规章，鼓励各地在总结现有PPP项目经验的基础上，出台更加具有操作性的实施细则。鼓励各类绿色发展基金支持以PPP模式操作的相关项目。

五、发展绿色保险

（二十二）在环境高风险领域建立环境污染强制责任保险制度。按程序推动制修订环境污染强制责任保险相关法律或行政法规，由环境保护部门会同保险监管机构发布实施性规章。选择环境风险较高、环境污染事件较为集中领域，将相关企业纳入应当投保环境污染强制责任保险的范围。鼓励保险机构发挥在环境风险防范方面的积极作用，对企业开展"环保体检"，并将发现的环境风险隐患通报环境保护部门，为加强环境风险监督提供支持。完善环境损害鉴定评估程序和技术规范，指导保险公司加快定损和理赔进度，及时救济污染受害者、降低对环境的损害程度。

（二十三）鼓励和支持保险机构创新绿色保险产品和服务。建立完善与气候变化相关的巨灾保险制度。鼓励保险机构研发环保技术装备保险、针对低碳环保类消费品的产品质量安全责任保险、船舶污染损害责任保险、森林保险和农牧业灾害保险等产品。积极推动保险机构参与养殖业环境污染风险管理，建立农业保险理赔与病死牲畜无害化处理联动机制。

（二十四）鼓励和支持保险机构参与环境风险治理体系建设。鼓励保险机构充分发挥防灾减灾功能，积极利用互联网等先进技术，研究建立面向环境污染责任保险投保主体的环境风险监控和预警机制，实时开展风险监测，定期开展风险评估，及时提示风险隐患，高效开展保险理赔。鼓励保险机构充分发挥风险管理专业优势，开展面向企业和社会公众的环境风险管理知识普及工作。

六、完善环境权益交易市场、丰富融资工具

（二十五）发展各类碳金融产品。促进建立全国统一的碳排放权交易市场和有国际影响力的碳定价中心。有序发展碳远期、碳掉期、碳期权、碳租赁、碳债券、碳资产证券化和碳基金等碳金融产品和衍生工具,探索研究碳排放权期货交易。

(二十六)推动建立排污权、节能量(用能权)、水权等环境权益交易市场。在重点流域和大气污染防治重点领域,合理推进跨行政区域排污权交易,扩大排污权有偿使用和交易试点。加强排污权交易制度建设和政策创新,制定完善排污权核定和市场化价格形成机制,推动建立区域性及全国性排污权交易市场。建立和完善节能量(用能权)、水权交易市场。

(二十七)发展基于碳排放权、排污权、节能量(用能权)等各类环境权益的融资工具,拓宽企业绿色融资渠道。在总结现有试点地区银行开展环境权益抵质押融资经验的基础上,确定抵质押物价值测算方法及抵质押率参考范围,完善市场化的环境权益定价机制,建立高效的抵质押登记及公示系统,探索环境权益回购等模式解决抵质押物处置问题,推动环境权益及其未来收益权切实成为合格抵质押物,进一步降低环境权益抵质押物业务办理的合规风险。发展环境权益回购、保理、托管等金融产品。

七、支持地方发展绿色金融

(二十八)探索通过再贷款、宏观审慎评估框架、资本市场融资工具等支持地方发展绿色金融。鼓励和支持有条件的地方通过专业化绿色担保机制、设立绿色发展基金等手段撬动更多的社会资本投资于绿色产业。支持地方充分利用绿色债券市场为中长期、有稳定现金流的绿色项目提供融资。支持地方将环境效益显著的项目纳入绿色项目库,并在全国性的资产交易中心挂牌,为利用多种渠道融资提供条件。支持国际金融机构和外资机构与地方合作,开展绿色投资。

八、推动开展绿色金融国际合作

(二十九)广泛开展绿色金融领域的国际合作。继续在二十国集团框架下推动全球形成共同发展绿色金融的理念,推广与绿色信贷和绿色投资相关的自愿准则和其他绿色金融领域的最佳经验,促进绿色金融领域的能力建设。通过"一带一路"战略,上海合作组织、中国

-东盟等区域合作机制和南南合作,以及亚洲基础设施投资银行和金砖国家新开发银行撬动民间绿色投资的作用,推动区域性绿色金融国际合作,支持相关国家的绿色投资。

(三十)积极稳妥推动绿色证券市场双向开放。支持我国金融机构和企业到境外发行绿色债券。充分利用双边和多边合作机制,引导国际资金投资于我国的绿色债券、绿色股票和其他绿色金融资产。鼓励设立合资绿色发展基金。支持国际金融组织和跨国公司在境内发行绿色债券、开展绿色投资。

(三十一)推动提升对外投资绿色水平。鼓励和支持我国金融机构、非金融企业和我国参与的多边开发性机构在"一带一路"和其他对外投资项目中加强环境风险管理,提高环境信息披露水平,使用绿色债券等绿色融资工具筹集资金,开展绿色供应链管理,探索使用环境污染责任保险等工具进行环境风险管理。

九、防范金融风险,强化组织落实

(三十二)完善与绿色金融相关监管机制,有效防范金融风险。加强对绿色金融业务和产品的监管协调,综合运用宏观审慎与微观审慎监管工具,统一和完善有关监管规则和标准,强化对信息披露的要求,有效防范绿色信贷和绿色债券的违约风险,充分发挥股权融资作用,防止出现绿色项目杠杆率过高、资本空转和"洗绿"等问题,守住不发生系统性金融风险底线。

(三十三)相关部门要加强协作、形成合力,共同推动绿色金融发展。人民银行、财政部、发展改革委、环境保护部、银监会、证监会、保监会等部门应当密切关注绿色金融业务发展及相关风险,对激励和监管政策进行跟踪评估,适时调整完善。加强金融信息基础设施建设,推动信息和统计数据共享,建立健全相关分析预警机制,强化对绿色金融资金运用的监督和评估。

(三十四)各地区要从当地实际出发,以解决突出的生态环境问题为重点,积极探索和推动绿色金融发展。地方政府要做好绿色金融发展规划,明确分工,将推动绿色金融发展纳入年度工作责任目标。提升绿色金融业务能力,加大人才培养引进力度。

（三十五）加大对绿色金融的宣传力度。积极宣传绿色金融领域的优秀案例和业绩突出的金融机构和绿色企业，推动形成发展绿色金融的广泛共识。在全社会进一步普及环保意识，倡导绿色消费，形成共建生态文明、支持绿色金融发展的良好氛围。

中国人民银行　财政部
发展改革委　环境保护部
银监会　证监会　保监会
2016年8月31日

关于金融助推脱贫攻坚的实施意见

(2016年3月16日中国人民银行等7部门联合印发)

为贯彻落实《中共中央 国务院关于打赢脱贫攻坚战的决定》(中发〔2015〕34号)和中央扶贫开发工作会议精神,紧紧围绕"精准扶贫、精准脱贫"基本方略,全面改进和提升扶贫金融服务,增强扶贫金融服务的精准性和有效性,现提出如下实施意见。

一、准确把握金融助推脱贫攻坚工作的总体要求

(一)深入学习领会党中央、国务院精准扶贫、精准脱贫基本方略的深刻内涵,瞄准脱贫攻坚的重点人群和重点任务,精准对接金融需求,精准完善支持措施,精准强化工作质量和效率,扎实创新完善金融服务体制机制和政策措施,坚持精准支持与整体带动结合,坚持金融政策与扶贫政策协调,坚持创新发展与风险防范统筹,以发展普惠金融为根基,全力推动贫困地区金融服务到村到户到人,努力让每一个符合条件的贫困人口都能按需求便捷获得贷款,让每一个需要金融服务的贫困人口都能便捷享受到现代化金融服务,为实现到2020年打赢脱贫攻坚战、全面建成小康社会目标提供有力有效的金融支撑。

二、精准对接脱贫攻坚多元化融资需求

(二)精准对接贫困地区发展规划,找准金融支持的切入点。人民银行分支机构要加强与各地发展改革、扶贫、财政等部门的协调合作和信息共享,及时掌握贫困地区特色产业发展、基础设施和基本公共服务等规划信息。指导金融机构认真梳理精准扶贫项目金融服务需求清单,准确掌握项目安排、投资规模、资金来源、时间进度等信息,为精准支持脱贫攻坚奠定基础。各金融机构要积极对接扶贫部门确定的建档立卡贫困户,深入了解贫困户的基本生产、生活信息和金融服务需求信息,建立包括贫困户家庭基本情况、劳动技能、资产构成、生产生活、就业就学状况、金融需求等内容的精准扶贫金融服务档案,实行"一户一档"。

(三)精准对接特色产业金融服务需求,带动贫困人口脱贫致富。

各金融机构要立足贫困地区资源禀赋、产业特色,积极支持能吸收贫困人口就业、带动贫困人口增收的绿色生态种养业、经济林产业、林下经济、森林草原旅游、休闲农业、传统手工业、乡村旅游、农村电商等特色产业发展。有效对接特色农业基地、现代农业示范区、农业产业园区的金融需求,积极开展金融产品和服务方式创新。健全和完善扶贫金融服务主办行制度,支持带动贫困人口致富成效明显的新型农业经营主体。大力发展订单、仓单质押等产业链、供应链金融,稳妥推进试点地区农村承包土地的经营权、农民住房财产权等农村产权融资业务,拓宽抵质押物范围,加大特色产业信贷投入。

(四)精准对接贫困人口就业就学金融服务需求,增强贫困户自我发展能力。鼓励金融机构发放扶贫小额信用贷款,加大对建档立卡贫困户的精准支持。积极采取新型农业经营主体担保、担保公司担保、农户联保等多种增信措施,缓解贫困人口信贷融资缺乏有效抵押担保资产问题。针对贫困户种养殖业的资金需求特点,灵活确定贷款期限,合理确定贷款额度,有针对性改进金融服务质量和效率。管好用好创业担保贷款,支持贫困地区符合条件的就业重点群体和困难人员创业就业。扎实开展助学贷款业务,解决经济困难家庭学生就学资金困难。

(五)精准对接易地扶贫搬迁金融服务需求,支持贫困人口搬得出、稳得住、能致富。支持国家开发银行、农业发展银行通过发行金融债筹措信贷资金,按照保本或微利的原则发放低成本、长期的易地扶贫搬迁贷款,中央财政给予90%的贷款贴息。国家开发银行、农业发展银行要加强信贷管理,简化贷款审批程序,合理确定贷款利率,做好与易地扶贫搬迁项目对接。同时,严格贷款用途,确保贷款支持对象精准、贷款资金专款专用,并定期向人民银行各分支机构报送易地扶贫搬迁贷款发放等情况。开发性、政策性金融与商业性、合作性金融要加强协调配合,加大对安置区贫困人口直接或间接参与后续产业发展的支持。人民银行各分支机构要加强辖内易地扶贫搬迁贷款监测统计和考核评估,指导督促金融机构依法合规发放贷款。

(六)精准对接重点项目和重点地区等领域金融服务需求,夯实贫困地区经济社会发展基础。充分利用信贷、债券、基金、股权投资、融资租赁等多种融资工具,支持贫困地区交通、水利、电力、能源、生态环境建设等基础设施和文化、医疗、卫生等基本公共服务项目建设。创新贷款抵质押方式,支持农村危房改造、人居环境整治、新农村建设等民生工程建设。健全和完善区域信贷政策,在信贷资源配置、金融产品和服务方式创新、信贷管理权限设置等方面,对连片特困地区、革命老区、民族地区、边疆地区给予倾斜。对有稳定还款来源的扶贫项目,在有效防控风险的前提下,国家开发银行、农业发展银行可依法依规发放过桥贷款,有效撬动商业性信贷资金投入。

三、大力推进贫困地区普惠金融发展

(七)深化农村支付服务环境建设,推动支付服务进村入户。加强贫困地区支付基础设施建设,持续推动结算账户、支付工具、支付清算网络的应用,提升贫困地区基本金融服务水平。加强政策扶持,巩固助农取款服务在贫困地区乡村的覆盖面,提高使用率,便利农民足不出村办理取款、转账汇款、代理缴费等基础金融服务,支持贫困地区助农取款服务点与农村电商服务点相互依托建设,促进服务点资源高效利用。鼓励探索利用移动支付、互联网支付等新兴电子支付方式开发贫困地区支付服务市场,填补其基础金融服务空白。在农民工输出省份,支持拓宽农民工银行卡特色服务受理金融机构范围。

(八)加强农村信用体系建设,促进信用与信贷联动。探索农户基础信用信息与建档立卡贫困户信息的共享和对接,完善金融信用信息基础数据库。健全农村基层党组织、"驻村第一书记"、致富带头人、金融机构等多方参与的贫困农户、新型农业经营主体信用等级评定制度,探索建立针对贫困户的信用评价指标体系,完善电子信用档案。深入推进"信用户"、"信用村"、"信用乡镇"评定与创建,鼓励发放无抵押免担保的扶贫贴息贷款和小额信用贷款。

(九)重视金融知识普及,强化贫困地区金融消费者权益保护。加强金融消费者教育和权益保护,配合有关部门严厉打击金融欺诈、非法集资、制售使用假币等非法金融活动,保障贫困地区金融消费者合法权益。畅通消费者投诉的处理渠道,完善多元化纠纷调解机制,优化贫困地区金融消费者公平、公开共享现代金融服务的环境。根据贫困地区金融消费者需求特点,有针对性地设计开展金融消费者教育活动,在贫困地区深入实施农村金融教育"金惠工程",提高金融消费者的金融知识素养和风险责任意识,优化金融生态环境。

四、充分发挥各类金融机构助推脱贫攻坚主体作用

(十)完善内部机构设置,发挥好开发性、政策性金融在精准扶贫中的作用。国家开发银行和农业发展银行加快设立"扶贫金融事业部",完善内部经营管理机制,加强对信贷资金的管理使用,提高服务质量和效率,切实防范信贷风险。"扶贫金融事业部"业务符合条件的,可享受有关税收优惠政策,降低经营成本,加大对扶贫重点领域的支持力度。

(十一)下沉金融服务重心,完善商业性金融综合服务。大中型商业银行要稳定和优化县域基层网点设置,保持贫困地区现有网点基本稳定并力争有所增加。鼓励股份制银行、城市商业银行通过委托贷款、批发贷款等方式向贫困县(市、区)增加有效信贷投放。中国农业银行要继续深化三农金融事业部改革,强化县级事业部经营能力。鼓励和支持中国邮政储蓄银行设立三农金融事业部,要进一步延伸服务网络,强化县以下机构网点功能建设,逐步扩大涉农业务范围。各金融机构要加大系统内信贷资源调剂力度,从资金调度、授信审批等方面加大对贫困地区有效支持。鼓励实行总、分行直贷、单列信贷计划等多种方式,针对贫困地区实际需求,改进贷款营销模式,简化审批流程,提升服务质量和效率。

(十二)强化农村中小金融机构支农市场定位,完善多层次农村金融服务组织体系。农村信用社、农村商业银行、农村合作银行等要依托网点多、覆盖广的优势,继续发挥好农村金融服务主力的作用。在稳定县域法人地位、坚持服务"三农"的前提下,稳步推进农村信用社改革,提高资本实力,完善法人治理结构,强化农村信用社省联社服务职能。支持符合条件的民间资本在贫困地区参与发起设立村镇银行,规范发展小额贷款公司等,建立正向激励机制,鼓励开展面向"三农"的差异化、特色化服务。支持在贫困地区稳妥规范发展农民资金互助组织,开展农民合作社信用合作试点。

(十三)加强融资辅导和培育,拓宽贫困地区企业融资渠道。支持、

鼓励和引导证券、期货、保险、信托、租赁等金融机构在贫困地区设立分支机构，扩大业务覆盖面。加强对贫困地区企业的上市辅导培育和孵化力度，根据地方资源优势和产业特色，完善上市企业后备库，帮助更多企业通过主板、创业板、全国中小企业股份转让系统、区域股权交易市场等进行融资。支持贫困地区符合条件的上市公司和非上市公众公司通过增发、配股、发行公司债、可转债等多种方式拓宽融资来源。支持期货交易所研究上市具有中西部贫困地区特色的期货产品，引导中西部贫困地区利用期货市场套期保值和风险管理。加大宣传和推介力度，鼓励和支持贫困地区符合条件的企业发行企业债券、公司债券、短期融资券、中期票据、项目收益票据、区域集优债券等债务融资工具。

（十四）创新发展精准扶贫保险产品和服务，扩大贫困地区农业保险覆盖范围。鼓励保险机构建立健全乡、村两级保险服务体系。扩大农业保险密度和深度，通过财政以奖代补等方式支持贫困地区发展特色农产品保险。支持贫困地区开展特色农产品价格保险，有条件的地方可给予一定保费补贴。改进和推广小额贷款保证保险，为贫困户融资提供增信支持。鼓励保险机构建立健全针对贫困农户的保险保障体系，全面推进贫困地区人身和财产安全保险业务，缓解贫困群众因病致贫、因灾返贫问题。

（十五）引入新兴金融业态支持精准扶贫，多渠道提供金融服务。在有效防范风险的前提下，支持贫困地区金融机构建设创新型互联网平台，开展网络银行、网络保险、网络基金销售和网络消费金融等业务；支持互联网企业依法合规设立互联网支付机构；规范发展民间融资，引入创业投资基金、私募股权投资基金，引导社会资本支持精准扶贫。

五、完善精准扶贫金融支持保障措施

（十六）设立扶贫再贷款，发挥多种货币政策工具引导作用。设立扶贫再贷款，利率在正常支农再贷款利率基础上下调1个百分点，引导地方法人金融机构切实降低贫困地区涉农贷款利率水平。合理确定扶贫再贷款使用期限，为地方法人金融机构支持脱贫攻坚提供较长期资金来源。使用扶贫再贷款的金融机构要建立台账，加强精准管理，确保信贷投放在数量、用途、利率等方面符合扶贫再贷款管理要求。

加大再贴现支持力度，引导贫困地区金融机构扩大涉农、小微企业信贷投放。改进宏观审慎政策框架，加强县域法人金融机构新增存款一定比例用于当地贷款的考核，对符合条件的金融机构实施较低的存款准备金率，促进县域信贷资金投入。

（十七）加强金融与财税政策协调配合，引导金融资源倾斜配置。有效整合各类财政涉农资金，充分发挥财政政策对金融资源的支持和引导作用。继续落实农户小额贷款税收优惠、涉农贷款增量奖励、农村金融机构定向费用补贴、农业保险保费补贴等政策，健全和完善贫困地区农村金融服务的正向激励机制，引导更多金融资源投向贫困地区。完善创业担保贷款、扶贫贴息贷款、民贸民品贴息贷款等管理机制，增强政策精准度，提高财政资金使用效益。建立健全贫困地区融资风险分担和补偿机制，支持有条件的地方设立扶贫贷款风险补偿基金和担保基金，专项用于建档立卡贫困户贷款以及带动贫困人口就业的各类扶贫经济组织贷款风险补偿。支持各级政府建立扶贫产业基金，吸引社会资本参与扶贫。支持贫困地区设立政府出资的融资担保机构，鼓励和引导有实力的融资担保机构通过联合担保以及担保与保险相结合等多种方式，积极提供精准扶贫融资担保。金融机构要加大对贫困地区发行地方政府债券置换存量债务的支持力度，鼓励采取定向承销等方式参与债务置换，稳步化解贫困地区政府债务风险。各地中国人民银行省级分支机构、银监局要加强对金融机构指导，推动地方债承销发行工作顺利开展。

（十八）实施差异化监管政策，优化银行机构考核指标。推行和落实信贷尽职免责制度，根据贫困地区金融机构贷款的风险、成本和核销等具体情况，对不良贷款比率实行差异化考核，适当提高贫困地区不良贷款容忍度。在有效保护股东利益的前提下，提高金融机构呆坏账核销效率。在计算资本充足率时，对贫困地区符合政策规定的涉农和小微企业贷款适用相对较低的风险权重。

六、持续完善脱贫攻坚金融服务工作机制

（十九）加强组织领导，健全责任机制。建立和完善人民银行、银监、证监、保监、发展改革、扶贫、财政、金融机构等参与的脱贫攻坚金融服务工作联动机制，加强政策互动、工作联动和信息共享。切实发挥人民银行各级行在脱贫攻坚金融服务工作的组织引导作用，加强统筹协调，推动相关配套政策落实。开展金融扶贫示范区创建活动，发挥示范引领作用。进一步发挥集中连片特困地区扶贫开发金融服务联动协调机制的作用，提升片区脱贫攻坚金融服务水平。

（二十）完善精准统计，强化监测机制。人民银行总行及时出台脱贫攻坚金融服务专项统计监测制度，从片区、县（市、区）、村、建档立卡贫困户等各层次，完善涵盖货币政策工具运用效果、信贷投放、信贷产品、利率和基础金融服务信息的监测体系，及时动态跟踪监测各地、各金融机构脱贫攻坚金融服务工作情况，为政策实施效果监测评估提供数据支撑。人民银行各分支机构和各金融机构要按政策要求，及时、准确报送脱贫攻坚金融服务的相关数据和资料。

（二十一）开展专项评估，强化政策导向。建立脱贫攻坚金融服务专项评估制度，定期对各地、各金融机构脱贫攻坚金融服务工作进展及成效进行评估考核。丰富评估结果运用方式，对评估结果进行通报，将对金融机构评估结果纳入人民银行分支机构综合评价框架内，作为货币政策工具使用、银行间市场管理、新设金融机构市场准入、实施差异化金融监管等的重要依据，增强脱贫攻坚金融政策的实施效果。

（二十二）加强总结宣传，营造良好氛围。积极通过报纸、广播、电视、网络等多种媒体，金融机构营业网点以及村组、社区等公共宣传栏，大力开展金融扶贫服务政策宣传，增进贫困地区和贫困人口对精准扶贫金融服务政策的了解，增强其运用金融工具的意识和能力。及时梳理、总结精准扶贫金融服务工作中的典型经验、成功案例、工作成效，加强宣传推介和经验交流，营造有利脱贫攻坚金融服务工作的良好氛围。

中国人民银行　发展改革委

财政部　银监会

证监会　保监会

国务院扶贫开发领导小组办公室

2016年3月16日

关于金融支持制造强国建设的指导意见

银发〔2017〕58号

为贯彻落实党的十八大和十八届三中、四中、五中、六中全会精神，按照《中国制造2025》、《国务院关于深化制造业与互联网融合发展的指导意见》等要求，进一步建立健全多元化金融服务体系，大力推动金融产品和服务创新，加强和改进对制造强国建设的金融支持和服务，现提出如下意见：

一、高度重视和持续改进对制造强国建设的金融支持和服务

（一）坚持问题导向，着力加强对制造业科技创新、转型升级和科技型中小制造企业的金融支持。制造业是实体经济的主体，是科技创新的主战场，是供给侧结构性改革的主攻领域。当前，我国制造业仍存在大而不强，创新能力弱，关键核心技术与高端装备对外依存度高等问题。金融部门应聚焦制造业发展的难点痛点，坚持区别对待、有扶有控原则，不断优化金融支持方向和结构，着力加强对制造业科技创新和技术改造升级的中长期金融支持，积极拓宽技术密集型和中小型制造业企业的多元化融资渠道，促进制造业结构调整、转型升级、提质增效和由大变强。

（二）突出支持重点，改进和完善制造业重点领域和关键任务的金融服务。金融部门要紧紧围绕《中国制造2025》重点任务和"1+X"规划体系，改进和完善金融服务水平。探索为制造业创新中心等公共服务平台提供创新型、多元化融资服务，支持关键共性技术研发和科技成果转化应用。着力加强对核心基础零部件等"四基"企业的融资支持，促进提升工业基础水平。切实加强对企业技术改造中长期贷款支持，合理安排授信期限和还款方式，支持制造业两化融合发展和智能化升级。大力发展绿色金融业务，促进制造业绿色发展。积极运用信贷、租赁、保险等多种金融手段，支持高端装备领域突破发展和扩大应用。加强对工业互联网重点项目的金融支持力度，支持制造

业个性化定制和服务型制造。

二、积极发展和完善支持制造强国建设的多元化金融组织体系

（三）发挥各类银行机构的差异化优势，形成金融服务协同效应。开发性、政策性金融机构要在重点领域和薄弱环节切实发挥引领作用，在业务范围内以财务可持续为前提，加大对重大项目、重大技术推广和重大装备应用的融资支持。全国性商业银行要积极发挥网络渠道、业务功能协同等优势，为制造业企业提供综合性金融服务，不断改进和提升对中小型制造业企业金融服务的质量效率。地方法人金融机构要注重发挥管理半径短、经营机制灵活等优势，立足当地，服务中小，积极开发针对中小型制造业企业的特色化、专业化金融产品和服务。

（四）完善银行机构组织架构，提升金融服务专业化水平。鼓励有条件的金融机构探索建立先进制造业融资事业部制，加强对信息技术、高端装备、新材料、生物医药等战略重点行业的专业化支持。鼓励符合条件的银行业金融机构在新型工业化产业示范基地等先进制造业聚集地区设立科技金融专营机构，在客户准入、信贷审批、风险偏好、业绩考核等方面实施差异化管理。积极推动小微企业专营机构建设，围绕制造业中量大面广的小微企业、民营企业，提供批量化、规模化、标准化的金融服务。要完善小微企业授信工作尽职免责管理制度，激励基层机构和信贷人员支持中小微制造业企业发展。

（五）规范发展制造业企业集团财务公司。支持符合条件的制造业企业集团设立企业集团财务公司，充分发挥财务公司作为集团"资金归集平台、资金结算平台、资金监控平台、融资营运平台、金融服务平台"的功能，有效提高企业集团内部资金运作效率和精细化管理水平。鼓励具备条件的制造业企业集团财务公司在有效防控风险的前提下，通过开展成员单位产品的买方信贷、消费信贷和融资租赁服务，促进集团产品销售。稳步推进企业集团财务公司开展延伸产业链金融服务试点工作，通过"一头在外"的票据贴现业务和应收账款保理业务，促进降低产业链整体融资成本，更好的支持集团主业发展。

（六）加快制造业领域融资租赁业务发展。积极支持符合条件的金融机构和制造业企业在制造业集聚地区，通过控股、参股等方式发

起设立金融租赁公司，支持大型飞机、民用航天、先进轨道交通、海洋工程装备和高技术船舶、智能电网成套设备等高端装备重点领域扩大市场应用和提高国际竞争力。大力发展直接租赁、售后回租等业务，充分发挥融资租赁业务支持企业融资与融物的双重功能，通过"以租代购"、分期偿还等方式，支持制造业企业实施设备更新改造和智能升级。积极发挥融资租赁"以租代售"功能，支持制造业企业扩大销售和出口。

三、创新发展符合制造业特点的信贷管理体制和金融产品体系

（七）优化信贷管理体制。鼓励金融机构围绕制造业新型产业链和创新链，积极改进授信评价机制，创新金融产品和服务。合理考量制造业企业技术、人才、市场前景等"软信息"，将相关因素纳入银行客户信用评级体系，挖掘企业潜在价值。鼓励有条件的金融机构在风险可控、商业可持续的前提下，结合企业"三表"、"三单"、"两品"等非财务信息，运用信用贷款、知识产权质押贷款、股权质押贷款、应收账款质押贷款和以品牌为基础的商标专利权质押贷款等方式，积极满足创新型制造业企业和生产性服务业的资金需求。

（八）大力发展产业链金融产品和服务。鼓励金融机构依托制造业产业链核心企业，积极开展仓单质押贷款、应收账款质押贷款、票据贴现、保理、国际国内信用证等各种形式的产业链金融业务，有效满足产业链上下游企业的融资需求。充分发挥人民银行应收账款融资服务平台的公共服务功能，降低银企对接成本。鼓励制造业核心企业、金融机构与人民银行应收账款融资服务平台进行对接，开发全流程、高效率的线上应收账款融资模式。研究推动制造业核心企业在银行间市场注册发行供应链融资票据。

（九）推动投贷联动金融服务模式创新。稳妥有序推进投贷联动业务试点，鼓励和指导试点银行业金融机构以投贷联动方式，为科创型制造业企业提供持续资金支持，促进企业融资结构合理化，有效降低融资成本。建立银行及其投资功能子公司、政府贷款风险补偿基金、融资担保公司、保险公司间的风险分担和补偿机制，有效降低银行信贷风险。鼓励银行业金融机构与外部投资公司、各类基金开展合作，

积极整合各自的资金、信息和管理优势，探索多样化的投贷联动业务，促进银企信息交流共享，实现合作共赢。

（十）完善制造业兼并重组的融资服务。推动金融机构对兼并重组企业实行综合授信。鼓励金融机构完善并购贷款业务，在综合考虑并购方的资信状况、经营管理能力、财务稳健性、自筹资本金充足情况，以及并购标的的市场前景、未来盈利、并购协同效应等因素的基础上，合理确定贷款期限和利率，支持企业通过兼并重组实现行业整合。允许符合条件的制造业企业通过发行优先股、可转换债券、并购债券等方式筹集兼并重组资金。鼓励证券公司、资产管理公司、股权投资基金以及产业投资基金等参与企业兼并重组，扩大企业兼并重组资金来源。

（十一）切实择优助强，有效防控风险。银行业金融机构要坚持独立审贷、自主决策、自担风险原则，择优支持有核心竞争力的产业聚集区和企业，注重从源头把控风险。要发挥银行业同业沟通、协调、自律作用，通过联合授信、银团贷款等方式，形成融资协同效应，切实防止多头授信、过度授信，避免一哄而上、重复建设形成新的过剩产能。支持制造业企业按照市场化、法制化原则实施债转股，合理加大股权融资力度，加强企业自身债务杠杆约束，降低企业杠杆率。要稳妥有序退出过剩产能领域，对冶金、建材、石化化工、船舶等行业中有市场、有效益、有技术、经营规范的企业和技改项目，要支持其合理信贷需求。

四、大力发展多层次资本市场，加强对制造强国建设的资金支持

（十二）充分发挥股权融资作用。积极支持符合条件的优质、成熟制造业企业在主板市场上市融资，促进重点领域制造业企业做优做强。加快推进高技术制造业企业、先进制造业企业在中小企业板、创业板、全国中小企业股份转让系统和区域性股权交易市场上市或挂牌融资，充实中长期资本实力。在上市融资企业储备库里，对创新能力强、成长性好的制造业企业重点扶持。支持制造业企业在境外上市融资，提升中国制造业企业的国际竞争力。鼓励制造业企业通过资本市场并购重组，实现行业整合和布局调整优化，支持中西部地区承接产

业转移。

（十三）促进创业投资持续健康发展。进一步完善扶持创业投资发展的政策体系，促进创业投资发展，有效弥补创新型、成长型制造业企业的融资缺口。鼓励种子基金等各类创业投资基金、天使投资人等创业投资主体加大对种子期、初创期创新型制造业企业的支持力度，通过提供企业管理、商业咨询、财务顾问等多元化服务，支持技术创新完成从科技研发到商业推广的成长历程。鼓励创业投资基金、产业投资基金投向"四基"领域重点项目。发挥先进制造业产业投资基金、国家新兴产业投资引导基金等作用，鼓励建立按市场化方式运作的各类高端装备创新发展基金。

（十四）支持制造业企业发行债券融资。充分发挥公司信用类债券部际协调机制作用，支持符合条件的制造业企业发行公司债、企业债、短期融资券、中期票据、永续票据、定向工具等直接融资工具，拓宽融资渠道，降低融资成本，调整债务结构。设计开发符合先进制造业和战略新兴产业特点的创新债券品种。支持高新技术产业开发区的园区运营机构发行双创专项债务融资工具，用于建设和改造园区基础设施，以及为入园入区制造业企业提供信用增信等服务。支持符合条件的优质制造业企业在注册发行分层分类管理体系下统一注册、自主发行多品种债务融资工具，提升储架发行便利。

（十五）支持制造业领域资产证券化。鼓励金融机构将符合国家产业政策、兼顾收益性和导向性的制造业领域信贷资产作为证券化基础资产，发行信贷资产证券化产品。鼓励制造业企业通过银行间市场发行资产支持票据，以及通过交易所市场开展企业资产证券化，改善企业流动性状况。大力推进高端技术装备、智能制造装备、节能及新能源装备等制造业融资租赁债权资产证券化，拓宽制造业融资租赁机构资金来源，更好服务企业技术升级改造。在依法合规、风险可控的前提下，鼓励符合条件的银行业金融机构稳妥开展不良资产证券化试点，主动化解制造业过剩产能领域信贷风险。

五、发挥保险市场作用，助推制造业转型升级

（十六）积极开发促进制造业发展的保险产品。进一步鼓励保险

公司发展企业财产保险、科技保险、专利保险、安全生产责任保险等保险业务，为制造业提供多方面的风险保障。鼓励发展制造业贷款保证保险，支持轻资产科创型高技术企业发展壮大。大力发展产品质量责任保险，提高中国制造品牌信任度。深入推进首台（套）重大技术装备保险补偿机制试点工作，推动重大技术装备和关键零部件市场化应用。研究启动重点新材料首批次保险补偿机制试点工作。鼓励地方政府结合本地实际，建立符合本地制造业发展导向的保费补贴和风险补偿机制。

（十七）扩大保险资金对制造业领域投资。积极发挥保险长期资金优势，在符合保险资金运用安全性和收益性的前提下，通过债权、股权、基金、资产支持计划等多种形式，为制造业转型升级提供低成本稳定资金来源。支持保险机构投资制造业企业发行的优先股、并购债券等新型金融工具。鼓励保险机构与银行业金融机构共享信息、优势互补，合作开展制造业领域股债结合、投贷联动等业务。鼓励有条件的保险机构投资设立制造业保险资产管理机构。允许保险资金投资制造业创业投资基金等私募基金。扩大中国保险投资基金对制造业转型升级项目的投入。

六、拓宽融资渠道，积极支持制造业企业"走出去"

（十八）拓宽制造业"走出去"的融资渠道。金融机构要根据企业"走出去"需要，进一步优化完善海外机构布局，提高全球化金融服务能力。要积极运用银团贷款、并购贷款、项目融资、出口信贷等多种方式，为制造业企业在境外开展业务活动提供多元化和个性化的金融服务。支持"走出去"企业以境外资产和股权等权益为抵押获得贷款，提高企业融资能力。支持制造业企业开展外汇资金池、跨境双向人民币资金池业务，支持制造业企业在全口径跨境融资宏观审慎管理政策框架下进行跨境融资。支持符合条件的境内制造业企业利用境外市场发行股票、债券和资产证券化产品。

（十九）完善对制造业企业"走出去"的支持政策。不断优化外汇管理，满足制造业企业"走出去"过程中真实、合理的购汇需求。支持制造业企业在对外经济活动中使用人民币计价结算，优化对外人民币贷款项目管理,鼓励企业使用人民币对外贷款和投资。推动设立人民币海外合作基金,为制造业企业"走出去"项目提供成本适当的人民币贷款或投资。鼓励进一步扩大短期出口信用保险规模,加大对中小微企业和新兴市场开拓的保障力度。发挥好中长期出口信用保险的风险保障作用,实现大型成套设备出口融资应保尽保。

七、加强政策协调和组织保障

(二十)深入推动产业和金融合作。建立和完善工业和信息化部、人民银行、银监会信息共享和工作联动机制,加强产业政策与金融政策的沟通协调。建立产融信息对接合作平台,促进产业政策信息、企业生产经营信息、金融产品信息交流共享。探索对制造业部分重点行业建立企业"白名单"制度,为金融机构落实差别化的信贷政策提供参考依据。开展产融合作城市试点,促进试点城市聚合产业资源、金融资源、政策资源,支持制造强国建设,鼓励和引导产融合作试点城市探索产业与金融良性互动、实现互利共赢。

(二十一)加大货币信贷政策的支持力度。保持货币政策稳健中性,综合运用多种流动性管理工具,加强预调微调,保持流动性水平合理适度,引导货币信贷平稳增长,营造良好的货币金融环境,为制造业企业加强技术创新、实现转型升级创造有利的外部条件。充分发挥再贷款、再贴现等货币政策工具的正向激励作用,对支持制造业转型升级工作成绩突出的金融机构要优先予以支持。进一步引导银行业金融机构完善存贷款利率定价机制,增强自主理性定价能力,合理确定对制造业企业的贷款利率水平。

(二十二)优化政策配套和协调配合。鼓励地方政府通过设立产业引导基金、股权投资引导基金,按照政府引导、市场化运作、专业化管理的原则,加大对先进制造业的投资力度,撬动各类社会资本支持制造业转型升级。积极探索多样化的信贷风险分担机制,通过设立风险补偿基金、政府性担保基金、应急转贷基金等方式,支持金融机构加大制造业领域的信贷投入。进一步完善银行与融资担保机构的合作机制,建立合理的企业贷款风险分担和利率协商机制。进一步加强社会信用体系建设,对恶意逃废债行为要给予严厉打击,维护金融机构合法权益。

（二十三）加强监督引导和统计监测。建立金融支持制造强国建设工作的部际协调机制，加强信息沟通和监督引导。人民银行分支机构、银监会、证监会、保监会派出机构要根据当地产业发展实际情况，适时研究制定配套金融政策措施，切实加强对金融机构的指导。要依托行业主管部门支持，研究建立支持制造强国建设的金融统计制度，进一步加强对高技术制造业、先进制造业融资情况的统计监测分析。

请人民银行上海总部，各分行、营业管理部、省会（首府）城市中心支行、副省级城市中心支行会同所在省（区、市）工业和信息化主管部门、银监局、证监局、保监局等部门，将本意见联合转发至辖区内相关机构，并协调做好本意见的贯彻实施工作。

中国人民银行　工业和信息化部
银监会　证监会　保监会
2017年3月30日

财政部、税务总局关于延续支持农村金融发展有关税收政策的通知

财税〔2017〕44号

各省、自治区、直辖市、计划单列市财政厅（局）、国家税务局、地方税务局，新疆生产建设兵团财务局：

为继续支持农村金融发展，现就农村金融有关税收政策通知如下：

一、自2017年1月1日至2019年12月31日，对金融机构农户小额贷款的利息收入，免征增值税。

二、自2017年1月1日至2019年12月31日，对金融机构农户小额贷款的利息收入，在计算应纳税所得额时，按90%计入收入总额。

三、自2017年1月1日至2019年12月31日，对保险公司为种植业、养殖业提供保险业务取得的保费收入，在计算应纳税所得额时，按90%计入收入总额。

四、本通知所称农户，是指长期（一年以上）居住在乡镇（不包括城关镇）行政管理区域内的住户，还包括长期居住在城关镇所辖行政村范围内的住户和户口不在本地而在本地居住一年以上的住户，国有农场的职工和农村个体工商户。位于乡镇（不包括城关镇）行政管理区域内和在城关镇所辖行政村范围内的国有经济的机关、团体、学校、企事业单位的集体户；有本地户口，但举家外出谋生一年以上的住户，无论是否保留承包耕地均不属于农户。农户以户为统计单位，既可以从事农业生产经营，也可以从事非农业生产经营。农户贷款的判定应以贷款发放时的承贷主体是否属于农户为准。

本通知所称小额贷款，是指单笔且该农户贷款余额总额在10万元（含本数）以下的贷款。

本通知所称保费收入，是指原保险保费收入加上分保费收入减去分出保费后的余额。

五、金融机构应对符合条件的农户小额贷款利息收入进行单独核算,不能单独核算的不得适用本通知第一条、第二条规定的优惠政策。

六、本通知印发之日前已征的增值税,可抵减纳税人以后月份应缴纳的增值税或予以退还。

财政部　税务总局
2017年6月9日

国家发展改革委、中国银监会关于取消和暂停商业银行部分基础金融服务收费的通知

发改价格规〔2017〕1250号

各省、自治区、直辖市及计划单列市发展改革委、物价局,各银监局,各政策性银行、国有商业银行、股份制商业银行,中国邮政储蓄银行,外资银行:

为贯彻落实党中央、国务院决策部署,进一步清理规范涉企经营服务性收费,减轻用户负担,优化实体经济发展环境,现就取消、暂停商业银行部分基础金融服务收费有关事项通知如下:

一、取消个人异地本行柜台取现手续费。各商业银行通过异地本行柜台(含ATM)为本行个人客户办理取现业务实行免费(不含信用卡取现)。

二、暂停收取本票和银行汇票的手续费、挂失费、工本费6项收费。

三、各商业银行应继续按照现行政策规定,根据客户申请,对其指定的一个本行账户(不含信用卡、贵宾账户)免收年费和账户管理费(含小额账户管理费,下同)。各商业银行应通过其网站、手机APP、营业网点公示栏等渠道,以及在为客户办理业务时,主动告知提示客户申请指定免费账户。客户未申请的,商业银行应主动对其在本行开立的唯一账户(不含信用卡、贵宾账户)免收年费和账户管理费。

四、本通知适用于商业银行开展的境内人民币业务,其中商业银行是指依据《商业银行法》、《外资银行管理条例》等法律法规设立的银行业金融机构。在中华人民共和国境内经国务院银行业监督管理机构批准设立的其他银行业金融机构,参照本通知规定执行。

本通知自2017年8月1日起执行。以前规定与本通知不符的,以

本通知为准。

请各省、自治区、直辖市及计划单列市价格主管部门将本通知转发至本行政区域内的商业银行，并督促其落实。

国家发展改革委
银监会
2017 年 6 月 30 日

中国人民银行、银监会关于加大对新消费领域金融支持的指导意见

银发〔2016〕92号

中国人民银行上海总部、各分行、营业管理部，各省会（首府）城市中心支行、各副省级城市中心支行；各省、自治区、直辖市、计划单列市银监局；交易商协会；国家开发银行，各政策性银行、国有商业银行、股份制商业银行，中国邮政储蓄银行：

为贯彻落实《国务院关于积极发挥新消费引领作用 加快培育形成新供给新动力的指导意见》（国发〔2015〕66号），创新金融支持和服务方式，促进大力发展消费金融，更好地满足新消费重点领域的金融需求，发挥新消费引领作用，加快培育形成经济发展新供给新动力，经国务院同意，现提出如下意见：

一、积极培育和发展消费金融组织体系

（一）推动专业化消费金融组织发展。鼓励有条件的银行业金融机构围绕新消费领域，设立特色专营机构，完善环境设施、产品配置、金融服务、流程制度等配套机制，开发专属产品，提供专业性、一站式、综合化金融服务。推进消费金融公司设立常态化，鼓励消费金融公司拓展业务内容，针对细分市场提供特色服务。

（二）优化金融机构网点布局。鼓励银行业金融机构在批发市场、商贸中心、学校、景点等消费集中场所，通过新设或改造分支机构作为服务消费为主的特色网点，在财务资源、人力资源等方面给予适当倾斜。

二、加快推进消费信贷管理模式和产品创新

（三）优化消费信贷管理模式。鼓励银行业金融机构在风险可控并符合监管要求的前提下，探索运用互联网等技术手段开展远程客户授权，实现消费贷款线上申请、审批和放贷。优化绩效考核机制，突出整体考核，推行尽职免责制度。根据客户的信用等级、项目风险、综合效益和担保条件，通过贷款利率风险定价和浮动计息规则，合理

确定消费贷款利率水平。

（四）加快消费信贷产品创新。鼓励银行业金融机构创新消费信贷抵质押模式，开发不同首付比例、期限和还款方式的信贷产品。推动消费信贷与互联网技术相结合，鼓励银行业金融机构运用大数据分析等技术，研发标准化网络小额信用贷款，推广"一次授信、循环使用"，打造自助式消费贷款平台。

（五）鼓励汽车金融公司业务产品创新。允许汽车金融公司在向消费者提供购车贷款（或融资租赁）的同时，根据消费者意愿提供附属于所购车辆的附加产品（如导航设备、外观贴膜、充电桩等物理附属设备以及车辆延长质保、车辆保险等无形附加产品和服务）的融资。汽车金融公司开展购车附加产品融资业务时，执行与汽车贷款一致的管理制度。

三、加大对新消费重点领域的金融支持

（六）支持养老家政健康消费。加快落实金融支持养老服务业发展的政策措施。在风险可控的前提下，探索养老服务机构土地使用权、房产、收费权等抵质押贷款的可行模式。加大创业担保贷款投放力度，支持社区小型家政、健康服务机构发展。

（七）支持信息和网络消费。大力发展专利权质押融资，支持可穿戴设备、智能家居等智能终端技术研发和推广。鼓励银行业金融机构与网络零售平台在小额消费领域开展合作，并在风险可控、权责明确的条件下，自主发放小额消费信贷。

（八）支持绿色消费。加快修订《汽车贷款管理办法》。经银监会批准经营个人汽车贷款业务的金融机构办理新能源汽车和二手车贷款的首付款比例，可分别在15%和30%最低要求基础上，根据自愿、审慎和风险可控原则自主决定。大力开展能效贷款和排污权、碳排放权抵质押贷款等绿色信贷业务。

（九）支持旅游休闲消费。探索开展旅游景区经营权和门票收入权质押贷款业务。推广旅游企业建设用地使用权抵押、林权抵押等贷款业务。

（十）支持教育文化体育消费。创新版权、商标权、收益权等抵质押贷款模式，积极满足文化创意企业融资需求。运用中长期固定资产贷款、银团贷款、政府和社会资本合作（PPP）模式等方式，支持影视院线、体育场馆、大专院校等公共基础设施建设。

（十一）支持农村消费。开展农村住房、家电、就学、生活服务等消费信贷产品创新。设计开发适合农村消费特点的信贷模式和服务方式。加大对农村电商平台发展的金融支持。鼓励引导金融机构建设多功能综合性农村金融服务站。

四、改善优化消费金融发展环境

（十二）拓宽消费金融机构多元化融资渠道。鼓励汽车金融公司、消费金融公司等发行金融债券，简化债券发行核准程序。鼓励符合条件的汽车金融公司、消费金融公司通过同业拆借市场补充流动性。大力发展个人汽车、消费、信用卡等零售类贷款信贷资产证券化，盘活信贷存量，扩大消费信贷规模，提升消费信贷供给能力。

（十三）改进支付服务。扩展银行卡消费服务功能。改善小城镇、农村集市、商业聚集区银行卡受理环境，提高用卡便捷度。促进移动支付、互联网支付等新兴支付方式规范发展。

（十四）维护金融消费者权益。引入社会征信机构或吸收社会资本成立独立的第三方机构，搭建消费信用信息平台，优化信用环境。加强金融消费者教育，完善金融消费纠纷受理处理机制。建立消费领域新产品、新业态、新模式的信贷风险识别、预警和防范机制，提升风险防控能力。

请人民银行上海总部、各分行、营业管理部、省会（首府）城市中心支行、副省级城市中心支行会同所在省（区、市）银监会派出机构将本意见迅速转发至辖区内相关机构，并结合辖区实际研究提出具体落实措施和工作部署，做好政策的贯彻实施工作，有关进展及时报告人民银行和银监会。

中国人民银行
银监会
2016年3月24日

金融机构反洗钱规定

金融机构反洗钱规定

中国人民银行令
〔2006〕第 1 号

根据《中华人民共和国反洗钱法》、《中华人民共和国中国人民银行法》等法律规定,中国人民银行制定了《金融机构反洗钱规定》,经 2006 年 11 月 6 日第 25 次行长办公会议通过,现予发布,自 2007 年 1 月 1 日起施行。

中国人民银行行长
二〇〇六年十一月十四日

第一条 为了预防洗钱活动,规范反洗钱监督管理行为和金融机构的反洗钱工作,维护金融秩序,根据《中华人民共和国反洗钱法》、《中华人民共和国中国人民银行法》等有关法律、行政法规,制定本规定。

第二条 本规定适用于在中华人民共和国境内依法设立的下列金融机构:

(一)商业银行、城市信用合作社、农村信用合作社、邮政储汇机构、政策性银行；

（二）证券公司、期货经纪公司、基金管理公司；

（三）保险公司、保险资产管理公司；

（四）信托投资公司、金融资产管理公司、财务公司、金融租赁公司、汽车金融公司、货币经纪公司；

（五）中国人民银行确定并公布的其他金融机构。

从事汇兑业务、支付清算业务和基金销售业务的机构适用本规定对金融机构反洗钱监督管理的规定。

第三条　中国人民银行是国务院反洗钱行政主管部门，依法对金融机构的反洗钱工作进行监督管理。中国银行业监督管理委员会、中国证券监督管理委员会、中国保险监督管理委员会在各自的职责范围内履行反洗钱监督管理职责。

中国人民银行在履行反洗钱职责过程中，应当与国务院有关部门、机构和司法机关相互配合。

第四条　中国人民银行根据国务院授权代表中国政府开展反洗钱国际合作。中国人民银行可以和其他国家或者地区的反洗钱机构建立合作机制，实施跨境反洗钱监督管理。

第五条　中国人民银行依法履行下列反洗钱监督管理职责：

（一）制定或者会同中国银行业监督管理委员会、中国证券监督管理委员会和中国保险监督管理委员会制定金融机构反洗钱规章；

（二）负责人民币和外币反洗钱的资金监测；

（三）监督、检查金融机构履行反洗钱义务的情况；

（四）在职责范围内调查可疑交易活动；

（五）向侦查机关报告涉嫌洗钱犯罪的交易活动；

（六）按照有关法律、行政法规的规定，与境外反洗钱机构交换与反洗钱有关的信息和资料；

（七）国务院规定的其他有关职责。

第六条　中国人民银行设立中国反洗钱监测分析中心，依法履行下列职责：

（一）接收并分析人民币、外币大额交易和可疑交易报告；

（二）建立国家反洗钱数据库，妥善保存金融机构提交的大额交易和可疑交易报告信息；

（三）按照规定向中国人民银行报告分析结果；

（四）要求金融机构及时补正人民币、外币大额交易和可疑交易报告；

（五）经中国人民银行批准，与境外有关机构交换信息、资料；

（六）中国人民银行规定的其他职责。

第七条 中国人民银行及其工作人员应当对依法履行反洗钱职责获得的信息予以保密，不得违反规定对外提供。

中国反洗钱监测分析中心及其工作人员应当对依法履行反洗钱职责获得的客户身份资料、大额交易和可疑交易信息予以保密；非依法律规定，不得向任何单位和个人提供。

第八条 金融机构及其分支机构应当依法建立健全反洗钱内部控制制度，设立反洗钱专门机构或者指定内设机构负责反洗钱工作，制定反洗钱内部操作规程和控制措施，对工作人员进行反洗钱培训，增强反洗钱工作能力。

金融机构及其分支机构的负责人应当对反洗钱内部控制制度的有效实施负责。

第九条 金融机构应当按照规定建立和实施客户身份识别制度。

（一）对要求建立业务关系或者办理规定金额以上的一次性金融业务的客户身份进行识别，要求客户出示真实有效的身份证件或者其他身份证明文件，进行核对并登记，客户身份信息发生变化时，应当及时予以更新；

（二）按照规定了解客户的交易目的和交易性质，有效识别交易的受益人；

（三）在办理业务中发现异常迹象或者对先前获得的客户身份资料的真实性、有效性、完整性有疑问的，应当重新识别客户身份；

（四）保证与其有代理关系或者类似业务关系的境外金融机构进行有效的客户身份识别，并可从该境外金融机构获得所需的客户身份信息。

前款规定的具体实施办法由中国人民银行会同中国银行业监督管理委员会、中国证券监督管理委员会和中国保险监督管理委员会制定。

第十条　金融机构应当在规定的期限内,妥善保存客户身份资料和能够反映每笔交易的数据信息、业务凭证、账簿等相关资料。

前款规定的具体实施办法由中国人民银行会同中国银行业监督管理委员会、中国证券监督管理委员会、中国保险监督管理委员会制定。

第十一条　金融机构应当按照规定向中国反洗钱监测分析中心报告人民币、外币大额交易和可疑交易。

前款规定的具体实施办法由中国人民银行另行制定。

第十二条　中国人民银行会同中国银行业监督管理委员会、中国证券监督管理委员会、中国保险监督管理委员会指导金融行业自律组织制定本行业的反洗钱工作指引。

第十三条　金融机构在履行反洗钱义务过程中,发现涉嫌犯罪的,应当及时以书面形式向中国人民银行当地分支机构和当地公安机关报告。

第十四条　金融机构及其工作人员应当依法协助、配合司法机关和行政执法机关打击洗钱活动。

金融机构的境外分支机构应当遵循驻在国家或者地区反洗钱方面的法律规定,协助配合驻在国家或者地区反洗钱机构的工作。

第十五条　金融机构及其工作人员对依法履行反洗钱义务获得的客户身份资料和交易信息应当予以保密;非依法律规定,不得向任何单位和个人提供。

金融机构及其工作人员应当对报告可疑交易、配合中国人民银行调查可疑交易活动等有关反洗钱工作信息予以保密,不得违反规定向客户和其他人员提供。

第十六条　金融机构及其工作人员依法提交大额交易和可疑交易报告,受法律保护。

第十七条　金融机构应当按照中国人民银行的规定,报送反洗钱统计报表、信息资料以及稽核审计报告中与反洗钱工作有关的内容。

第十八条　中国人民银行及其分支机构根据履行反洗钱职责的需

要，可以采取下列措施进行反洗钱现场检查：

（一）进入金融机构进行检查；

（二）询问金融机构的工作人员，要求其对有关检查事项作出说明；

（三）查阅、复制金融机构与检查事项有关的文件、资料，并对可能被转移、销毁、隐匿或者篡改的文件资料予以封存；

（四）检查金融机构运用电子计算机管理业务数据的系统。

中国人民银行或者其分支机构实施现场检查前，应填写现场检查立项审批表，列明检查对象、检查内容、时间安排等内容，经中国人民银行或者其分支机构负责人批准后实施。

现场检查时，检查人员不得少于2人，并应出示执法证和检查通知书；检查人员少于2人或者未出示执法证和检查通知书的，金融机构有权拒绝检查。

现场检查后，中国人民银行或者其分支机构应当制作现场检查意见书，加盖公章，送达被检查机构。现场检查意见书的内容包括检查情况、检查评价、改进意见与措施。

第十九条 中国人民银行及其分支机构根据履行反洗钱职责的需要，可以与金融机构董事、高级管理人员谈话，要求其就金融机构履行反洗钱义务的重大事项作出说明。

第二十条 中国人民银行对金融机构实施现场检查，必要时将检查情况通报中国银行业监督管理委员会、中国证券监督管理委员会或者中国保险监督管理委员会。

第二十一条 中国人民银行或者其省一级分支机构发现可疑交易活动需要调查核实的，可以向金融机构调查可疑交易活动涉及的客户账户信息、交易记录和其他有关资料，金融机构及其工作人员应当予以配合。

前款所称中国人民银行或者其省一级分支机构包括中国人民银行总行、上海总部、分行、营业管理部、省会（首府）城市中心支行、副省级城市中心支行。

第二十二条 中国人民银行或者其省一级分支机构调查可疑交易活动，可以询问金融机构的工作人员，要求其说明情况；查阅、复制被调查的金融机构客户的账户信息、交易记录和其他有关资料；对可能被转移、隐藏、篡改或者毁损的文件、资料，可以封存。

调查可疑交易活动时，调查人员不得少于2人，并出示执法证和中国人民银行或者其省一级分支机构出具的调查通知书。查阅、复制、封存被调查的金融机构客户的账户信息、交易记录和其他有关资料，应当经中国人民银行或者其省一级分支机构负责人批准。调查人员违反规定程序的，金融机构有权拒绝调查。

询问应当制作询问笔录。询问笔录应当交被询问人核对。记载有遗漏或者差错的，被询问人可以要求补充或者更正。被询问人确认笔录无误后，应当签名或者盖章；调查人员也应当在笔录上签名。

调查人员封存文件、资料，应当会同在场的金融机构工作人员查点清楚，当场开列清单一式二份，由调查人员和在场的金融机构工作人员签名或者盖章，一份交金融机构，一份附卷备查。

第二十三条　经调查仍不能排除洗钱嫌疑的，应当立即向有管辖权的侦查机关报案。对客户要求将调查所涉及的账户资金转往境外的，金融机构应当立即向中国人民银行当地分支机构报告。经中国人民银行负责人批准，中国人民银行可以采取临时冻结措施，并以书面形式通知金融机构，金融机构接到通知后应当立即予以执行。

侦查机关接到报案后，认为需要继续冻结的，金融机构在接到侦查机关继续冻结的通知后，应当予以配合。侦查机关认为不需要继续冻结的，中国人民银行在接到侦查机关不需要继续冻结的通知后，应当立即以书面形式通知金融机构解除临时冻结。

临时冻结不得超过48小时。金融机构在按照中国人民银行的要求采取临时冻结措施后48小时内，未接到侦查机关继续冻结通知的，应当立即解除临时冻结。

第二十四条　中国人民银行及其分支机构从事反洗钱工作的人员有下列行为之一的，依法给予行政处分：

（一）违反规定进行检查、调查或者采取临时冻结措施的；

（二）泄露因反洗钱知悉的国家秘密、商业秘密或者个人隐私的；

（三）违反规定对有关机构和人员实施行政处罚的；

（四）其他不依法履行职责的行为。

第二十五条 金融机构违反本规定的，由中国人民银行或者其地市中心支行以上分支机构按照《中华人民共和国反洗钱法》第三十一条、第三十二条的规定进行处罚；区别不同情形，建议中国银行业监督管理委员会、中国证券监督管理委员会或者中国保险监督管理委员会采取下列措施：

（一）责令金融机构停业整顿或者吊销其经营许可证；

（二）取消金融机构直接负责的董事、高级管理人员和其他直接责任人员的任职资格、禁止其从事有关金融行业工作；

（三）责令金融机构对直接负责的董事、高级管理人员和其他直接责任人员给予纪律处分。

中国人民银行县（市）支行发现金融机构违反本规定的，应报告其上一级分支机构，由该分支机构按照前款规定进行处罚或者提出建议。

第二十六条 中国人民银行和其地市中心支行以上分支机构对金融机构违反本规定的行为给予行政处罚的，应当遵守《中国人民银行行政处罚程序规定》的有关规定。

第二十七条 本规定自2007年1月1日起施行。2003年1月3日中国人民银行发布的《金融机构反洗钱规定》同时废止。

中华人民共和国担保法

中华人民共和国主席令
第五十号

《中华人民共和国担保法》已由中华人民共和国第八届全国人民代表大会常务委员会第十四次会议于1995年6月30日通过，现予公布，自1995年10月1日起施行。

中华人民共和国主席　江泽民
1995年6月30日

第一章　总　则

第一条　为促进资金融通和商品流通，保障债权的实现，发展社会主义市场经济，制定本法。

第二条　在借贷、买卖、货物运输、加工承揽等经济活动中，债权人需要以担保方式保障其债权实现的，可以依照本法规定设定担保。

本法规定的担保方式为保证、抵押、质押、留置和定金。

第三条　担保活动应当遵循平等、自愿、公平、诚实信用的原则。

第四条　第三人为债务人向债权人提供担保时，可以要求债务人提供反担保。

反担保适用本法担保的规定。

第五条 担保合同是主合同的从合同，主合同无效，担保合同无效。担保合同另有约定的，按照约定。

担保合同被确认无效后，债务人、担保人、债权人有过错的，应当根据其过错各自承担相应的民事责任。

第二章 保 证

第一节 保证和保证人

第六条 本法所称保证，是指保证人和债权人约定，当债务人不履行债务时，保证人按照约定履行债务或者承担责任的行为。

第七条 具有代为清偿债务能力的法人、其他组织或者公民，可以作保证人。

第八条 国家机关不得为保证人，但经国务院批准为使用外国政府或者国际经济组织贷款进行转贷的除外。

第九条 学校、幼儿园、医院等以公益为目的的事业单位、社会团体不得为保证人。

第十条 企业法人的分支机构、职能部门不得为保证人。

企业法人的分支机构有法人书面授权的，可以在授权范围内提供保证。

第十一条 任何单位和个人不得强令银行等金融机构或者企业为他人提供保证；银行等金融机构或者企业对强令其为他人提供保证的行为，有权拒绝。

第十二条 同一债务有两个以上保证人的，保证人应当按照保证合同约定的保证份额，承担保证责任。没有约定保证份额的，保证人承担连带责任，债权人可以要求任何一个保证人承担全部保证责任，保证人都负有担保全部债权实现的义务。已经承担保证责任的保证人，有权向债务人追偿，或者要求承担连带责任的其他保证人清偿其应当承担的份额。

第二节　保证合同和保证方式

第十三条　保证人与债权人应当以书面形式订立保证合同。

第十四条　保证人与债权人可以就单个主合同分别订立保证合同，也可以协议在最高债权额限度内就一定期间连续发生的借款合同或者某项商品交易合同订立一个保证合同。

第十五条　保证合同应当包括以下内容：

（一）被保证的主债权种类、数额；

（二）债务人履行债务的期限；

（三）保证的方式；

（四）保证担保的范围；

（五）保证的期间；

（六）双方认为需要约定的其他事项。

保证合同不完全具备前款规定内容的，可以补正。

第十六条　保证的方式有：

（一）一般保证；

（二）连带责任保证。

第十七条　当事人在保证合同中约定，债务人不能履行债务时，由保证人承担保证责任的，为一般保证。

一般保证的保证人在主合同纠纷未经审判或者仲裁，并就债务人财产依法强制执行仍不能履行债务前，对债权人可以拒绝承担保证责任。

有下列情形之一的，保证人不得行使前款规定的权利：

（一）债务人住所变更，致使债权人要求其履行债务发生重大困难的；

（二）人民法院受理债务人破产案件，中止执行程序的；

（三）保证人以书面形式放弃前款规定的权利的。

第十八条　当事人在保证合同中约定保证人与债务人对债务承担连带责任的，为连带责任保证。

连带责任保证的债务人在主合同规定的债务履行期届满没有履行

债务的，债权人可以要求债务人履行债务，也可以要求保证人在其保证范围内承担保证责任。

第十九条　当事人对保证方式没有约定或者约定不明确的，按照连带责任保证承担保证责任。

第二十条　一般保证和连带责任保证的保证人享有债务人的抗辩权。债务人放弃对债务的抗辩权的，保证人仍有权抗辩。

抗辩权是指债权人行使债权时，债务人根据法定事由，对抗债权人行使请求权的权利。

第三节　保证责任

第二十一条　保证担保的范围包括主债权及利息、违约金、损害赔偿金和实现债权的费用。保证合同另有约定的，按照约定。

当事人对保证担保的范围没有约定或者约定不明确的，保证人应当对全部债务承担责任。

第二十二条　保证期间，债权人依法将主债权转让给第三人的，保证人在原保证担保的范围内继续承担保证责任。保证合同另有约定的，按照约定。

第二十三条　保证期间，债权人许可债务人转让债务的，应当取得保证人书面同意，保证人对未经其同意转让的债务，不再承担保证责任。

第二十四条　债权人与债务人协议变更主合同的，应当取得保证人书面同意，未经保证人书面同意的，保证人不再承担保证责任。保证合同另有约定的，按照约定。

第二十五条　一般保证的保证人与债权人未约定保证期间的，保证期间为主债务履行期届满之日起六个月。

在合同约定的保证期间和前款规定的保证期间，债权人未对债务人提起诉讼或者申请仲裁的，保证人免除保证责任；债权人已提起诉讼或者申请仲裁的，保证期间适用诉讼时效中断的规定。

第二十六条　连带责任保证的保证人与债权人未约定保证期间的，债权人有权自主债务履行期届满之日起六个月内要求保证人承担保证责任。

在合同约定的保证期间和前款规定的保证期间，债权人未要求保证人承担保证责任的，保证人免除保证责任。

第二十七条 保证人依照本法第十四条规定就连续发生的债权作保证，未约定保证期间的，保证人可以随时书面通知债权人终止保证合同，但保证人对于通知到债权人前所发生的债权，承担保证责任。

第二十八条 同一债权既有保证又有物的担保的，保证人对物的担保以外的债权承担保证责任。

债权人放弃物的担保的，保证人在债权人放弃权利的范围内免除保证责任。

第二十九条 企业法人的分支机构未经法人书面授权或者超出授权范围与债权人订立保证合同的，该合同无效或者超出授权范围的部分无效，债权人和企业法人有过错的，应当根据其过错各自承担相应的民事责任；债权人无过错的，由企业法人承担民事责任。

第三十条 有下列情形之一的，保证人不承担民事责任：

（一）主合同当事人双方串通，骗取保证人提供保证的；

（二）主合同债权人采取欺诈、胁迫等手段，使保证人在违背真实意思的情况下提供保证的。

第三十一条 保证人承担保证责任后，有权向债务人追偿。

第三十二条 人民法院受理债务人破产案件后，债权人未申报债权的，保证人可以参加破产财产分配，预先行使追偿权。

第三章　抵　押

第一节　抵押和抵押物

第三十三条 本法所称抵押，是指债务人或者第三人不转移对本法第三十四条所列财产的占有，将该财产作为债权的担保。债务人不履行债务时，债权人有权依照本法规定以该财产折价或者以拍卖、变卖该财产的价款优先受偿。

前款规定的债务人或者第三人为抵押人,债权人为抵押权人,提供担保的财产为抵押物。

第三十四条 下列财产可以抵押:

(一) 抵押人所有的房屋和其他地上定着物;

(二) 抵押人所有的机器、交通运输工具和其他财产;

(三) 抵押人依法有权处分的国有的土地使用权、房屋和其他地上定着物;

(四) 抵押人依法有权处分的国有的机器、交通运输工具和其他财产;

(五) 抵押人依法承包并经发包方同意抵押的荒山、荒沟、荒丘、荒滩等荒地的土地使用权;

(六) 依法可以抵押的其他财产。

抵押人可以将前款所列财产一并抵押。

第三十五条 抵押人所担保的债权不得超出其抵押物的价值。

财产抵押后,该财产的价值大于所担保债权的余额部分,可以再次抵押,但不得超出其余额部分。

第三十六条 以依法取得的国有土地上的房屋抵押的,该房屋占用范围内的国有土地使用权同时抵押。

以出让方式取得的国有土地使用权抵押的,应当将抵押时该国有土地上的房屋同时抵押。

乡(镇)、村企业的土地使用权不得单独抵押。以乡(镇)、村企业的厂房等建筑物抵押的,其占用范围内的土地使用权同时抵押。

第三十七条 下列财产不得抵押:

(一) 土地所有权;

(二) 耕地、宅基地、自留地、自留山等集体所有的土地使用权,但本法第三十四条第(五)项、第三十六条第三款规定的除外;

(三) 学校、幼儿园、医院等以公益为目的的事业单位、社会团体的教育设施、医疗卫生设施和其他社会公益设施;

(四) 所有权、使用权不明或者有争议的财产;

（五）依法被查封、扣押、监管的财产；

（六）依法不得抵押的其他财产。

第二节 抵押合同和抵押物登记

第三十八条 抵押人和抵押权人应当以书面形式订立抵押合同。

第三十九条 抵押合同应当包括以下内容：

（一）被担保的主债权种类、数额；

（二）债务人履行债务的期限；

（三）抵押物的名称、数量、质量、状况、所在地、所有权权属或者使用权权属；

（四）抵押担保的范围；

（五）当事人认为需要约定的其他事项。

抵押合同不完全具备前款规定内容的，可以补正。

第四十条 订立抵押合同时，抵押权人和抵押人在合同中不得约定在债务履行期届满抵押权人未受清偿时，抵押物的所有权转移为债权人所有。

第四十一条 当事人以本法第四十二条规定的财产抵押的，应当办理抵押物登记，抵押合同自登记之日起生效。

第四十二条 办理抵押物登记的部门如下：

（一）以无地上定着物的土地使用权抵押的，为核发土地使用权证书的土地管理部门；

（二）以城市房地产或者乡（镇）、村企业的厂房等建筑物抵押的，为县级以上地方人民政府规定的部门；

（三）以林木抵押的，为县级以上林木主管部门；

（四）以航空器、船舶、车辆抵押的，为运输工具的登记部门；

（五）以企业的设备和其他动产抵押的，为财产所在地的工商行政管理部门。

第四十三条 当事人以其他财产抵押的，可以自愿办理抵押物登记，抵押合同自签订之日起生效。

当事人未办理抵押物登记的，不得对抗第三人。当事人办理抵押物登记的，登记部门为抵押人所在地的公证部门。

第四十四条 办理抵押物登记，应当向登记部门提供下列文件或者其复印件：

（一）主合同和抵押合同；

（二）抵押物的所有权或者使用权证书。

第四十五条 登记部门登记的资料，应当允许查阅、抄录或者复印。

第三节 抵押的效力

第四十六条 抵押担保的范围包括主债权及利息、违约金、损害赔偿金和实现抵押权的费用。抵押合同另有约定的，按照约定。

第四十七条 债务履行期届满，债务人不履行债务致使抵押物被人民法院依法扣押的，自扣押之日起抵押权人有权收取由抵押物分离的天然孳息以及抵押人就抵押物可以收取的法定孳息。抵押权人未将扣押抵押物的事实通知应当清偿法定孳息的义务人的，抵押权的效力不及于该孳息。

前款孳息应当先充抵收取孳息的费用。

第四十八条 抵押人将已出租的财产抵押的，应当书面告知承租人，原租赁合同继续有效。

第四十九条 抵押期间，抵押人转让已办理登记的抵押物的，应当通知抵押权人并告知受让人转让物已经抵押的情况；抵押人未通知抵押权人或者未告知受让人的，转让行为无效。

转让抵押物的价款明显低于其价值的，抵押权人可以要求抵押人提供相应的担保；抵押人不提供的，不得转让抵押物。

抵押人转让抵押物所得的价款，应当向抵押权人提前清偿所担保的债权或者向与抵押权人约定的第三人提存。超过债权数额的部分，归抵押人所有，不足部分由债务人清偿。

第五十条 抵押权不得与债权分离而单独转让或者作为其他债权的担保。

第五十一条 抵押人的行为足以使抵押物价值减少的,抵押权人有权要求抵押人停止其行为。抵押物价值减少时,抵押权人有权要求抵押人恢复抵押物的价值,或者提供与减少的价值相当的担保。

抵押人对抵押物价值减少无过错的,抵押权人只能在抵押人因损害而得到的赔偿范围内要求提供担保。抵押物价值未减少的部分,仍作为债权的担保。

第五十二条 抵押权与其担保的债权同时存在,债权消灭的,抵押权也消灭。

第四节 抵押权的实现

第五十三条 债务履行期届满抵押权人未受清偿的,可以与抵押人协议以抵押物折价或者以拍卖、变卖该抵押物所得的价款受偿;协议不成,抵押权人可以向人民法院提起诉讼。

抵押物折价或者拍卖、变卖后,其价款超过债权数额的部分归抵押人所有,不足部分由债务人清偿。

第五十四条 同一财产向两个以上债权人抵押的,拍卖、变卖抵押物所得的价款按照以下规定清偿:

(一)抵押合同以登记生效的,按照抵押物登记的先后顺序清偿;顺序相同的,按照债权比例清偿;

(二)抵押合同自签订之日起生效的,该抵押物已登记的,按照本条第(一)项规定清偿;未登记的,按照合同生效时间的先后顺序清偿,顺序相同的,按照债权比例清偿。抵押物已登记的先于未登记的受偿。

第五十五条 城市房地产抵押合同签订后,土地上新增的房屋不属于抵押物。需要拍卖该抵押的房地产时,可以依法将该土地上新增的房屋与抵押物一同拍卖,但对拍卖新增房屋所得,抵押权人无权优先受偿。

依照本法规定以承包的荒地的土地使用权抵押的,或者以乡(镇)、村企业的厂房等建筑物占用范围内的土地使用权抵押的,在实现抵押权后,未经法定程序不得改变土地集体所有和土地用途。

第五十六条 拍卖划拨的国有土地使用权所得的价款,在依法缴纳相当于应缴纳的土地使用权出让金的款额后,抵押权人有优先受偿权。

第五十七条 为债务人抵押担保的第三人,在抵押权人实现抵押权后,有权向债务人追偿。

第五十八条 抵押权因抵押物灭失而消灭。因灭失所得的赔偿金,应当作为抵押财产。

第五节 最高额抵押

第五十九条 本法所称最高额抵押,是指抵押人与抵押权人协议,在最高债权额限度内,以抵押物对一定期间内连续发生的债权作担保。

第六十条 借款合同可以附最高额抵押合同。

债权人与债务人就某项商品在一定期间内连续发生交易而签订的合同,可以附最高额抵押合同。

第六十一条 最高额抵押的主合同债权不得转让。

第六十二条 最高额抵押除适用本节规定外,适用本章其他规定。

第四章 质 押

第一节 动产质押

第六十三条 本法所称动产质押,是指债务人或者第三人将其动产移交债权人占有,将该动产作为债权的担保。债务人不履行债务时,债权人有权依照本法规定以该动产折价或者以拍卖、变卖该动产的价款优先受偿。

前款规定的债务人或者第三人为出质人,债权人为质权人,移交的动产为质物。

第六十四条 出质人和质权人应当以书面形式订立质押合同。

质押合同自质物移交于质权人占有时生效。

第六十五条 质押合同应当包括以下内容:

(一) 被担保的主债权种类、数额;

(二) 债务人履行债务的期限;

（三）质物的名称、数量、质量、状况；

（四）质押担保的范围；

（五）质物移交的时间；

（六）当事人认为需要约定的其他事项。

质押合同不完全具备前款规定内容的，可以补正。

第六十六条 出质人和质权人在合同中不得约定在债务履行期届满质权人未受清偿时，质物的所有权转移为质权人所有。

第六十七条 质押担保的范围包括主债权及利息、违约金、损害赔偿金、质物保管费用和实现质权的费用。质押合同另有约定的，按照约定。

第六十八条 质权人有权收取质物所生的孳息。质押合同另有约定的，按照约定。

前款孳息应当先充抵收取孳息的费用。

第六十九条 质权人负有妥善保管质物的义务。因保管不善致使质物灭失或者毁损的，质权人应当承担民事责任。

质权人不能妥善保管质物可能致使其灭失或者毁损的，出质人可以要求质权人将质物提存，或者要求提前清偿债权而返还质物。

第七十条 质物有损坏或者价值明显减少的可能，足以危害质权人权利的，质权人可以要求出质人提供相应的担保。出质人不提供的，质权人可以拍卖或者变卖质物，并与出质人协议将拍卖或者变卖所得的价款用于提前清偿所担保的债权或者向与出质人约定的第三人提存。

第七十一条 债务履行期届满债务人履行债务的，或者出质人提前清偿所担保的债权的，质权人应当返还质物。

债务履行期届满质权人未受清偿的，可以与出质人协议以质物折价，也可以依法拍卖、变卖质物。

质物折价或者拍卖、变卖后，其价款超过债权数额的部分归出质人所有，不足部分由债务人清偿。

第七十二条 为债务人质押担保的第三人，在质权人实现质权后，有权向债务人追偿。

第七十三条 质权因质物灭失而消灭。因灭失所得的赔偿金,应当作为出质财产。

第七十四条 质权与其担保的债权同时存在,债权消灭的,质权也消灭。

第二节 权利质押

第七十五条 下列权利可以质押:
(一) 汇票、支票、本票、债券、存款单、仓单、提单;
(二) 依法可以转让的股份、股票;
(三) 依法可以转让的商标专用权,专利权、著作权中的财产权;
(四) 依法可以质押的其他权利。

第七十六条 以汇票、支票、本票、债券、存款单、仓单、提单出质的,应当在合同约定的期限内将权利凭证交付质权人。质押合同自权利凭证交付之日起生效。

第七十七条 以载明兑现或者提货日期的汇票、支票、本票、债券、存款单、仓单、提单出质的,汇票、支票、本票、债券、存款单、仓单、提单兑现或者提货日期先于债务履行期的,质权人可以在债务履行期届满前兑现或者提货,并与出质人协议将兑现的价款或者提取的货物用于提前清偿所担保的债权或者向与出质人约定的第三人提存。

第七十八条 以依法可以转让的股票出质的,出质人与质权人应当订立书面合同,并向证券登记机构办理出质登记。质押合同自登记之日起生效。

股票出质后,不得转让,但经出质人与质权人协商同意的可以转让。出质人转让股票所得的价款应当向质权人提前清偿所担保的债权或者向与质权人约定的第三人提存。

以有限责任公司的股份出质的,适用公司法股份转让的有关规定。质押合同自股份出质记载于股东名册之日起生效。

第七十九条 以依法可以转让的商标专用权,专利权、著作权中的财产权出质的,出质人与质权人应当订立书面合同,并向其管理部门办理出质登记。质押合同自登记之日起生效。

第八十条 本法第七十九条规定的权利出质后,出质人不得转让或者许可他人使用,但经出质人与质权人协商同意的可以转让或者许可他人使用。出质人所得的转让费、许可费应当向质权人提前清偿所担保的债权或者向与质权人约定的第三人提存。

第八十一条 权利质押除适用本节规定外,适用本章第一节的规定。

第五章 留 置

第八十二条 本法所称留置,是指依照本法第八十四条的规定,债权人按照合同约定占有债务人的动产,债务人不按照合同约定的期限履行债务的,债权人有权依照本法规定留置该财产,以该财产折价或者以拍卖、变卖该财产的价款优先受偿。

第八十三条 留置担保的范围包括主债权及利息、违约金、损害赔偿金、留置物保管费用和实现留置权的费用。

第八十四条 因保管合同、运输合同、加工承揽合同发生的债权,债务人不履行债务的,债权人有留置权。

法律规定可以留置的其他合同,适用前款规定。

当事人可以在合同中约定不得留置的物。

第八十五条 留置的财产为可分物的,留置物的价值应当相当于债务的金额。

第八十六条 留置权人负有妥善保管留置物的义务。因保管不善致使留置物灭失或者毁损的,留置权人应当承担民事责任。

第八十七条 债权人与债务人应当在合同中约定,债权人留置财产后,债务人应当在不少于两个月的期限内履行债务。债权人与债务人在合同中未约定的,债权人留置债务人财产后,应当确定两个月以上的期限,通知债务人在该期限内履行债务。

债务人逾期仍不履行的,债权人可以与债务人协议以留置物折价,也可以依法拍卖、变卖留置物。

留置物折价或者拍卖、变卖后，其价款超过债权数额的部分归债务人所有，不足部分由债务人清偿。

第八十八条　留置权因下列原因消灭：

（一）债权消灭的；

（二）债务人另行提供担保并被债权人接受的。

第六章　定　金

第八十九条　当事人可以约定一方向对方给付定金作为债权的担保。债务人履行债务后，定金应当抵作价款或者收回。给付定金的一方不履行约定的债务的，无权要求返还定金；收受定金的一方不履行约定的债务的，应当双倍返还定金。

第九十条　定金应当以书面形式约定。当事人在定金合同中应当约定交付定金的期限。定金合同从实际交付定金之日起生效。

第九十一条　定金的数额由当事人约定，但不得超过主合同标的额的百分之二十。

第七章　附　则

第九十二条　本法所称不动产是指土地以及房屋、林木等地上定着物。

本法所称动产是指不动产以外的物。

第九十三条　本法所称保证合同、抵押合同、质押合同、定金合同可以是单独订立的书面合同，包括当事人之间的具有担保性质的信函、传真等，也可以是主合同中的担保条款。

第九十四条　抵押物、质物、留置物折价或者变卖，应当参照市场价格。

第九十五条　海商法等法律对担保有特别规定的，依照其规定。

第九十六条　本法自1995年10月1日起施行。

贷款通则

中国人民银行令
1996年2号

根据《中华人民共和国中国人民银行法》、《中华人民共和国商业银行法》的有关规定，中国人民银行制定了《贷款通则》，现予以发布，从1996年8月1日起施行。

中国人民银行行长
一九九六年六月二十八日

第一章 总 则

第一条 为了规范贷款行为，维护借贷双方的合法权益，保证信贷资产的安全，提高贷款使用的整体效益，促进社会经济的持续发展，根据《中华人民共和国中国人民银行法》、《中华人民共和国商业银行法》等有关法律规定，制定本通则。

第二条 本通则所称贷款人，系指在中国境内依法设立的经营贷款业务的中资金融机构。

本通则所称借款人，系指从经营贷款业务的中资金融机构取得贷款的法人、其他经济组织、个体工商户和自然人。

本通则中所称贷款系指贷款人对借款人提供的并按约定的利率和期限还本付息的货币资金。

本通则中的贷款币种包括人民币和外币。

第三条 贷款的发放和使用应当符合国家的法律、行政法规和中国人民银行发布的行政规章.应当遵循效益性、安全性和流动性的原则。

第四条 借款人与贷款人的借贷活动应当遵循平等、自愿、公平和诚实信用的原则。

第五条 贷款人开展贷款业务,应当遵循公平竞争、密切协作的原则,不得从事不正当竞争。

第六条 中国人民银行及其分支机构是实施《贷款通则》的监管机关。

第二章 贷款种类

第七条 自营贷款、委托贷款和特定贷款：自营贷款,系指贷款人以合法方式筹集的资金自主发放的贷款,其风险由贷款人承担,并由贷款人收回本金和利息。

委托贷款,系指由政府部门、企事业单位及个人等委托人提供资金,由贷款人(即受托人)根据委托人确定的贷款对象、用途、金额、期限、利率等代为发放、监督使用并协助收回的贷款。贷款人(受托人)只收取手续费,不承担贷款风险。

特定贷款,系指经国务院批准并对贷款可能造成的损失采取相应补救措施后责成国有独资商业银行发放的贷款。

第八条 短期贷款、中期贷款和长期贷款：

短期贷款,系指贷款期限在1年以内(含1年)的贷款。

中期贷款,系指贷款期限在1年以上(不含1年)5年以下(含5年)的贷款。

长期贷款,系指贷款期限在5年(不含5年)以上的贷款。

第九条 信用贷款、担保贷款和票据贴现：

信用贷款,系指以借款人的信誉发放的贷款。

担保贷款，系指保证贷款、抵押贷款、质押贷款。

保证贷款，系指按《中华人民共和国担保法》规定的保证方式以第三人承诺在借款人不能偿还贷款时，按约定承担一般保证责任或者连带责任而发放的贷款。

抵押贷款，系指按《中华人民共和国担保法》规定的抵押方式以借款人或第三人的财产作为抵押物发放的贷款。

质押贷款，系指按《中华人民共和国担保法》规定的质押方式以借款人或第三人的动产或权利作为质物发放的贷款。

票据贴现，系指贷款人以购买借款人未到期商业票据的方式发放的贷款。

第十条 除委托贷款以外，贷款人发放贷款，借款人应当提供担保。贷款人应当对保证人的偿还能力，抵押物、质物的权属和价值以及实现抵押权、质权的可行性进行严格审查。

经贷款审查、评估，确认借款人资信良好，确能偿还贷款的，可以不提供担保。

第三章 贷款期限和利率

第十一条 贷款期限：贷款期限根据借款人的生产经营周期、还款能力和贷款人的资金供给能力由借贷双方共同商议后确定，并在借款合同中载明。自营贷款期限最长一般不得超过10年，超过10年应当报中国人民银行备案。票据贴现的贴现期限最长不得超过6个月，贴现期限为从贴现之日起到票据到期日止。

第十二条 贷款展期：不能按期归还贷款的，借款人应当在贷款到期日之前，向贷款人申请贷款展期。是否展期由贷款人决定。申请保证贷款、抵押贷款、质押贷款展期的，还应当由保证人、抵押人、出质人出具同意的书面证明。已有约定的，按照约定执行。

短期贷款展期期限累计不得超过原贷款期限；中期贷款展期期限累计不得超过原贷款期限的一半；长期贷款展期期限累计不得超过3年。国家另有规定者除外。借款人未申请展期或申请展期未得到批准，其贷款从到期日次日起,转入逾期贷款帐户。

第十三条 贷款利率的确定:

贷款人应当按照中国人民银行规定的贷款利率的上下限,确定每笔贷款利率,并在借款合同中载明。

第十四条 贷款利息的计收:

贷款人和借款人应当按借款合同和中国人民银行有关计息规定按期计收或交付利息。

贷款的展期期限加上原期限达到新的利率期限档次时,从展期之日起,贷款利息按新的期限档次利率计收。

逾期贷款按规定计收罚息。

第十五条 贷款的贴息:

根据国家政策,为了促进某些产业和地区经济的发展,有关部门可以对贷款补贴利息。

对有关部门贴息的贷款,承办银行应当自主审查发放,并根据本通则有关规定严格管理。

第十六条 贷款停息、减息、缓息和免息:

除国务院决定外,任何单位和个人无权决定停息、减息、缓息和免息。贷款人应当依据国务院决定,按照职责权限范围具体办理停息、减息、缓息和免息。

第四章 借款人

第十七条 借款人应当是经工商行政管理机关(或主管机关)核准登记的企(事)业法人、其他经济组织、个体工商户或具有中华人民共和国国籍的具有完全民事行为能力的自然人。借款人申请贷款,应当具备产品有市场、生产经营有效益、不挤占挪用信贷资金、恪守信用等基本条件,并且应当符合以下要求:

一、有按期还本付息的能力,原应付贷款利息和到期贷款已清偿;没有清偿的,已经做了贷款人认可的偿还计划。

二、除自然人和不需要经工商部门核准登记的事业法人外,应当经过工商部门办理年检手续。

三、已开立基本帐户或一般存款帐户。

四、除国务院规定外，有限责任公司和股份有限公司对外股本权益性投资累计额未超过其净资产总额的50%。

五、借款人的资产负债率符合贷款人的要求。

六、申请中期、长期贷款的，新建项目的企业法人所有者权益与项目所需总投资的比例不低于国家规定的投资项目的资本金比例。

第十八条 借款人的权利；

一、可以自主向主办银行或者其他银行的经办机构申请贷款并依条件取得贷款；

二、有权按合同约定提取和使用全部贷款；

三、有权拒绝借款合同以外的附加条件；

四、有权向贷款人的上级和中国人民银行反映、举报有关情况；

五、在征得贷款人同意后，有权向第三人转让债务。

第十九条 借款人的义务：

一、应当如实提供贷款人要求的资料（法律规定不能提供者除外），应当向贷款人如实提供所有开户行、帐号及存贷款余额情况，配合贷款人的调查、审查和检查；

二、应当接受贷款人对其使用信贷资金情况和有关生产经营、财务活动的监督；

三、应当按借款合同约定用途使用贷款；

四、应当按借款合同约定及时清偿贷款本息；

五、将债务全部或部分转让给第三人的，应当取得贷款人的同意；

六、有危及贷款人债权安全情况时，应当及时通知贷款人．同时采取保全措施。

第二十条 对借款人的限制：

一、不得在一个贷款人同一辖区内的两个或两个以上同级分支机构取得贷款。

二、不得向贷款人提供虚假的或者隐瞒重要事实的资产负债表、损益表等。

三、不得用贷款从事股本权益性投资，国家另有规定的除外。

四、不得用贷款在有价证券、期货等方面从事投机经营。

五、除依法取得经营房地产资格的借款人以外，不得用贷款经营房地产业务；依法取得经营房地产资格的借款人，不得用贷款从事房地产投机。

六、不得套取贷款用于借贷牟取非法收入。

七、不得违反国家外汇管理规定使用外币贷款。

八、不得采取欺诈手段骗取贷款。

第五章　贷款人

第二十一条　贷款人必须经中国人民银行批准经营贷款业务，持有中国人民银行颁发的《金融机构法人许可证》或《金融机构营业许可证》，并经工商行政管理部门核准登记。

第二十二条　贷款人的权利：

根据贷款条件和贷款程序自主审查和决定贷款，除国务院批准的特定贷款外，有权拒绝任何单位和个人强令其发放贷款或者提供担保。

一、要求借款人提供与借款有关的资料；

二、根据借款人的条件，决定贷与不贷、贷款金额、期限和利率等；

三、了解借款人的生产经营活动和财务活动；

四、依合同约定从借款人帐户上划收贷款本金和利息；

五、借款人未能履行借款合同规定义务的，贷款人有权依合同约定要求借款人提前归还贷款或停止支付借款人尚未使用的贷款；

六、在贷款将受或已受损失时，可依据合同规定，采取使贷款免受损失的措施。

第二十三条　贷款人的义务：

一、应当公布所经营的贷款的种类、期限和利率，并向借款人提供咨询。

二、应当公开贷款审查的资信内容和发放贷款的条件。

三、贷款人应当审议借款人的借款申请，并及时答复贷与不贷。

短期贷款答复时间不得超过1个月,中期、长期贷款答复时间不得超过6个月;国家另有规定者除外。

四、应当对借款人的债务、财务、生产、经营情况保密.但对依法查询者除外。

第二十四条 对贷款人的限制:

一、贷款的发放必须严格执行《中华人民共和国商业银行法》第三十九条关于资产负债比例管理的有关规定,第四十条关于不得向关系人发放信用贷款、向关系人发放担保贷款的条件不得优于其他借款人同类贷款条件的规定。

二、借款人有下列情形之一者,不得对其发放贷款:

(一)不具备本通则第四章第十七条所规定的资格和条件的;

(二)生产、经营或投资国家明文禁止的产品、项目的;

(三)违反国家外汇管理规定的;

(四)建设项目按国家规定应当报有关部门批准而未取得批准文件的;

(五)生产经营或投资项目未取得环境保护部门许可的;

(六)在实行承包、租赁、联营、合并(兼并)、合作、分立、产权有偿转让、股份制改造等体制变更过程中,未清偿原有贷款债务、落实原有贷款债务或提供相应担保的;

(七)有其他严重违法经营行为的。

三、未经中国人民银行批准,不得对自然人发放外币币种的贷款。

四、自营贷款和特定贷款,除按中国人民银行规定计收利息之外.不得收取其他任何费用;委托贷款,除按中国人民银行规定计收手续费之外,不得收取其他任何费用。

五、不得给委托人垫付资金,国家另有规定的除外。

六、严格控制信用贷款,积极推广担保贷款。

第六章 贷款程序

第二十五条 贷款申请:借款人需要贷款,应当向主办银行或者其他银行的经办机构直接申请。借款人应当填写包括借款金额、借款用途、偿还能力及还款方式等主要内容的《借款申请书》并提供以下资料：

一、借款人及保证人基本情况；

二、财政部门或会计（审计）事务所核准的上年度财务报告，以及申请借款前一期的财务报告；

三、原有不合理占用的贷款的纠正情况；

四、抵押物、质物清单和有处分权人的同意抵押、质押的证明及保证人拟同意保证的有关证明文件；

五、项目建议书和可行性报告；

六、贷款人认为需要提供的其他有关资料。

第二十六条 对借款人的信用等级评估：

应当根据借款人的领导者素质、经济实力、资金结构、履约情况、经营效益和发展前景等因素，评定借款人的信用等级。评级可由贷款人独立进行，内部掌握，也可由有权部门批准的评估机构进行。

第二十七条 贷款调查：

贷款人受理借款人申请后，应当对借款人的信用等级以及借款的合法性、安全性、盈利性等情况进行调查，核实抵押物、质物、保证人情况，测定贷款的风险度。

第二十八条 贷款审批：

贷款人应当建立审贷分离、分级审批的贷款管理制度。审查人员应当对调查人员提供的资料进行核实、评定，复测贷款风险度，提出意见，按规定权限报批。

第二十九条 签订借款合同：

所有贷款应当由贷款人与借款人签订借款合同。借款合同应当约定借款种类、借款用途、金额、利率，借款期限，还款方式，借、贷双方的权利、义务，违约责任和双方认为需要约定的其他事项。

保证贷款应当由保证人与贷款人签订保证合同，或保证人在借款合同上载明与贷款人协商一致的保证条款，加盖保证人的法人公章，并由保证人的法定代表人或其授权代理人签署姓名。抵押贷款、质押贷款应当由抵押人、出质人与贷款人签订抵押合同、质押合同，需要办理登记的，应依法办理登记。

第三十条　贷款发放：

贷款人要按借款合同规定按期发放贷款。贷款人不按合同约定按期发放贷款的，应偿付违约金。借款人不按合同约定用款的，应偿付违约金。

第三十一条　贷后检查：

贷款发放后，贷款人应当对借款人执行借款合同情况及借款人的经营情况进行追踪调查和检查。

第三十二条　贷款归还：

借款人应当按照借款合同规定按时足额归还贷款本息。

贷款人在短期贷款到期三个星期之前、中长期贷款到期1个月之前，应当向借款人发送还本付息通知单；借款人应当及时筹备资金，按期还本付息。

贷款人对逾期的贷款要及时发出催收通知单，做好这期贷款本息的催收工作。

贷款人对不能按借款合同约定期限归还的贷款，应当按规定加罚利息；对不能归还或者不能落实还本付息事宜的，应当督促归还或者依法起诉。

借款人提前归还贷款，应当与贷款人协商。

第七章　不良贷款监管

第三十三条　贷款人应当建立和完善贷款的质量监管制度，对不良贷款进行分类、登记、考核和催收。

第三十四条　不良贷款系指呆帐贷款、呆滞贷款、逾期贷款。

呆帐贷款，系指按财政部有关规定列为呆帐的贷款。

呆滞贷款，系指按财政部有关规定，逾期（含展期后到期）超过规定年限以上仍未归还的贷款，或虽未逾期或逾期不满规定年限但生产经营已终止、项目已停建的贷款（不含呆帐贷款）。

逾期贷款，系指借款合同约定到期（含展期后到期）未归还的贷款（不含呆滞贷款和呆帐贷款）。

第三十五条 不良贷款的登记：

不良贷款由会计、信贷部门提供数据，由稽核部门负责审核并按规定权限认定，贷款人应当按季填报不良贷款情况表。在报上级行的同时，应当报中国人民银行当地分支机构。

第三十六条 不良贷款的考核：

贷款人的呆帐贷款、呆滞贷款、逾期贷款不得超过中国人民银行规定的比例。贷款人应当对所属分支机构下达和考核呆帐贷款、呆滞贷款和逾期贷款的有关指标。

第三十七条 不良贷款的催收和呆帐贷款的冲销：

信贷部门负责不良贷款的催收，稽核部门负责对催收情况的检查。贷款人应当按照国家有关规定提取呆帐准备金，并按照呆帐冲销的条件和程序冲销呆帐贷款。

未经国务院批准，贷款人不得豁免贷款。除国务院批准外，任何单位和个人不得强令贷款人豁免贷款。

第八章 贷款管理责任制

第三十八条 贷款管理实行行长（经理、主任，下同）负责制。

贷款实行分级经营管理，各级行长应当在授权范围内对贷款的发放和收回负全部责任。行长可以授权副行长或贷款管理部门负责审批贷款，副行长或贷款管理部门负责人应当对行长负责。

第三十九条 贷款人各级机构应当建立有行长或副行长（经理、主任，下同）和有关部门负责人参加的贷款审查委员会（小组），负责贷款的审查。

第四十条 建立审贷分离制：

贷款调查评估人员负责贷款调查评估，承担调查失误和评估失准的责任；贷款审查人员负责贷款风险的审查，承担审查失误的责任；贷款发放人员负责贷款的检查和清收，承担检查失误、清收不力的责任。

第四十一条 建立贷款分级审批制：

贷款人应当根据业务量大小、管理水平和贷款风险度确定各级分支机构的审批权限，超过审批权限的贷款，应当报上级审批。各级分支机构应当根据贷款种类、借款人的信用等级和抵押物、质物、保证人等情况确定每一笔贷款的风险度。

第四十二条 建立和健全信贷工作岗位责任制：

各级贷款管理部门应将贷款管理的每一个环节的管理责任落实到部门、岗位、个人，严格划分各级信贷工作人员的职责。

第四十三条 贷款人对大额借款人建立驻厂信贷员制度。

第四十四条 建立离职审计制：

贷款管理人员在调离原工作岗位时，应当对其在任职期间和权限内所发放的贷款风险情况进行审计。

第九章　贷款债权保全和清偿的管理

第四十五条 借款人不得违反法律规定，借兼并、破产或者股份制改造等途径，逃避银行债务，侵吞信贷资金；不得借承包、租赁等途径逃避贷款人的信贷监管以及偿还贷款本息的责任。

第四十六条 贷款人有权参与处于兼并、破产或股份制改造等过程中的借款人的债务重组，应当要求借款人落实贷款还本付息事宜。

第四十七条 贷款人应当要求实行承包、租赁经营的借款人，在承包、租赁合同中明确落实原贷款债务的偿还责任。

第四十八条 贷款人对实行股份制改造的借款人，应当要求其重新签订借款合同，明确原贷款债务的清偿责任。

对实行整体股份制改造的借款人，应当明确其所欠贷款债务由改造后公司全部承担；对实行部分股份制改造的借款人，应当要求改造后的股份公司按占用借款人的资本金或资产的比例承担原借款人的贷款债务。

第四十九条 贷款人对联营后组成新的企业法人的借款人，应当要求其依据所占用的资本金或资产的比例将贷款债务落实到新的企业法人。

第五十条 贷款人对合并（兼并）的借款人，应当要求其在合并（兼并）前清偿贷款债务或提供相应的担保。

借款人不清偿贷款债务或未提供相应担保，贷款人应当要求合并（兼并）企业或合并后新成立的企业承担归还原借款人贷款的义务，并与之重新签订有关合同或协议。

第五十一条 贷款人对与外商合资（合作）的借款人，应当要求其继续承担合资（合作）前的贷款归还责任，并要求其将所得收益优先归还贷款。借款人用已作为贷款抵押、质押的财产与外商合资（合作）时必须征求贷款人同意。

第五十二条 贷款人对分立的借款人，应当要求其在分立前清偿贷款债务或提供相应的担保。

借款人不清偿贷款债务或未提供相应担保，贷款人应当要求分立后的各企业，按照分立时所占资本或资产比例或协议，对原借款人所欠贷款承担清偿责任。对设立子公司的借款人，应当要求其子公司按所得资本或资产的比例承担和偿还母公司相应的贷款债务。

第五十三条 贷款人对产权有偿转让或申请解散的借款人，应当要求其在产权转让或解散前必须落实贷款债务的清偿。

第五十四条 贷款人应当按照有关法律参与借款人破产财产的认定与债权债务的处置，对于破产借款人已设定财产抵押、质押或其他担保的贷款债权，贷款人依法享有优先受偿权；无财产担保的贷款债权按法定程序和比例受偿。

第十章　贷款管理特别规定

第五十五条 建立贷款主办行制度：借款人应按中国人民银行的规定与其开立基本帐户的贷款人建立贷款主办行关系。特借款人发生企业分立、股份制改造、重大项目建设等涉及信贷资金使用和安全的重大经济活动，事先应当征求主办行的意见。一个借款人只能有一个贷款主办行，主办行应当随基本帐户的变更而变更。

主办行不包资金，但应当按规定有计划地对借款人提供贷款，为借款人提供必要的信息咨询、代理等金融服务。

贷款主办行制度与实施办法，由中国人民银行另行规定。

第五十六条 银团贷款应当确定一个贷款人为牵头行，并签订银团贷款协议，明确各贷款人的权利和义务，共同评审贷款项目。牵头行应当按协议确定的比例监督贷款的偿还。银团贷款管理办法由中国人民银行另行规定。

第五十七条 特定贷款管理：

国有独资商业银行应当按国务院规定发放和管理特定贷款。

特定贷款管理办法另行规定。

第五十八条 非银行金融机构贷款的种类、对象、范围，应当符合中国人民银行规定。

第五十九条 贷款人发放异地贷款，或者接受异地存款，应当报中国人民银行当地分支机构备案。

第六十条 信贷资金不得用于财政支出。

第六十一条 各级行政部门和企事业单位、供销合作社等合作经济组织、农村合作基金会和其他基金会，不得经营存贷款等金融业务。

企业之间不得违反国家规定办理借贷或者变相借贷融资业务。

第十一章 罚 则

第六十二条 贷款人违反资产负债比例管理有关规定发放贷款的，应当依照《中华人民共和国商业银行法》第七十五条，由中国人民银行责令改正，处以罚款，有违法所得的没收违法所得，并且应当依照第七十六条对直接负责的主管人员和其他直接责任人员给予处罚。

第六十三条 贷款人违反规定向关系人发放信用贷款或者发放担保贷款的条件优于其他借款人同类贷款条件的，应当依照《中华人民共和国商业银行法》第七十四条处罚，并且应当依照第七十六条对有关直接责任人员给予处罚。

第六十四条 贷款人的工作人员对单位或者个人强令其发放贷款或者提供担保未予拒绝的,应当依照《中华人民共和国商业银行法》第八十五条给予纪律处分,造成损失的应当承担相应的赔偿责任。

第六十五条 贷款人的有关责任人员违反本通则有关规定,应当给予纪律处分和罚款;情节严重或屡次违反的,应当调离工作岗位,取消任职资格;造成严重经济损失或者构成其他经济犯罪的,应当依照有关法律规定追究刑事责任。

第六十六条 贷款人有下列情形之一,由中国人民银行责令改正;逾期不改正的,中国人民银行可以处以5千元以上1万元以下罚款:

一、没有公布所经营贷款的种类、期限、利率的;

二、没有公开贷款条件和发放贷款时要审查的内容的;

三、没有在规定期限内答复借款人贷款申请的。

第六十七条 贷款人有下列情形之一.由中国人民银行责令改正;有违法所得的,没收违法所得,并处以违法所得1倍以上3倍以下罚款;没有违法所得的.处以5万元以上30万元以下罚款;构成犯罪的,依法追究刑事责任:

一、贷款人违反规定代垫委托贷款资金的;

二、未经中国人民银行批准,对自然人发放外币贷款的;

三、贷款人违反中国人民银行规定,对自营贷款或者特定贷款在计收利息之外收取其他任何费用的,或者对委托贷款在计收手续费之外收取其他任何费用的。

第六十八条 任何单位和个人强令银行发放贷款或者提供担保的,应当依照《中华人民共和国商业银行法》第八十五条,对直接负责的主管人员和其他直接责任人员或者个人给予纪律处分;造成经济损失的,承担全部或者部分赔偿责任。

第六十九条 借款人采取欺诈手段骗取贷款,构成犯罪的,应当依照《中华人民共和国商业银行法》第八十条等法律规定处以罚款并追究刑事责任。

第七十条 借款人违反本通则第九章第四十五条规定，蓄意通过兼并、破产或者股份制改造等途径侵吞信贷资金的，应当依据有关法律规定承担相应部分的赔偿责任并处以罚款；造成贷款人重大经济损失的，应当依照有关法律规定追究直接责任人员的刑事责任。

借款人违反本通则第九章其他条款规定，致使贷款债务落空，由贷款人停止发放新贷款，并提前收回原发放的贷款。造成信贷资产损失的，借款人及其主管人员或其他个人，应当承担部分或全部赔偿责任。在未履行赔偿责任之前，其他任何贷款人不得对其发放贷款。

第七十一条 借款人有下列情形之一，由贷款人对其部分或全部贷款加收利息；情节特别严重的，由贷款人停止支付借款人尚未使用的贷款，并提前收回部分或全部贷款：

一、不按借款合同规定用途使用贷款的。

二、用贷款进行股本权益性投资的。

三、用贷款在有价证券、期货等方面从事投机经营的。

四、未依法取得经营房地产资格的借款人用贷款经营房地产业务的；依法取得经营房地产资格的借款人，用贷款从事房地产投机的。

五、不按借款合同规定清偿贷款本息的。

六、套取贷款相互借贷牟取非法收入的。

第七十二条 借款人有下列情形之一，由贷款人责令改正。情节特别严重或逾期不改正的，由贷款人停止支付借款人尚未使用的贷款，并提前收回部分或全部贷款：

一、向贷款人提供虚假或者隐瞒重要事实的资产负债表、损益表等资料的；

二、不如实向贷款人提供所有开户行、帐号及存贷款余额等资料的；

三、拒绝接受贷款人对其使用信贷资金情况和有关生产经营、财务活动监督的。

第七十三条 行政部门、企事业单位、股份合作经济组织、供销合作社、农村合作基金会和其他基金会擅自发放贷款的；企业之间擅自办理借贷或者变相借贷的，由中国人民银行对出借方按违规收入处以 1 倍以上至 5 倍以下罚款，并由中国人民银行予以取缔。

第七十四条 当事人对中国人民银行处罚决定不服的，可按《中国人民银行行政复议办法（试行）》的规定申请复议，复议期间仍按原处罚执行。

第十二章 附　则

第七十五条 国家政策性银行、外资金融机构（含外资、中外合资、外资金融机构的分支机构等）的贷款管理办法，由中国人民银行另行制定。

第七十六条 有关外国政府贷款、出口信贷、外商贴息贷款、出口信贷项下的对外担保以及与上述贷款配套的国际商业贷款的管理办法，由中国人民银行另行制定。

第七十七条 贷款人可根据本通则制定实施细则，报中国人民银行备案。

第七十八条 本通则自实施之日起，中国人民银行和各贷款人在此以前制定的各种规定，与本通则有抵触者，以本通则为准。

第七十九条 本通则由中国人民银行负责解释。

第八十条 本通则自一九九六年八月一日起施行。

附 录

中国人民银行助学贷款管理办法

银传〔2000〕7号
(2000年8月26日中国人民银行发布)

第一条 为支持教育事业的发展,加速人才培养,各商业银行和城乡信用社(以下简称贷款人)均可根据《贷款通则》自主办理助学贷款。

第二条 助学贷款可采取无担保(信用)助学贷款和担保助学贷款方式。

第三条 贷款人对高等学校的在读学生(包括专科、本科和研究生)(以下简称借款人)发放无担保(信用)助学贷款,对其直系亲属、法定监护人(以下简称借款人)发放无担保(信用)助学贷款和担保助学贷款。

第四条 高等学校的在读学生申请助学贷款须具备以下基本条件:入学通知书或学生证,有效居民身份证;同时要有同班同学或老师共两名对其身份提供证明。

第五条 高等学校在读学生申请助学贷款要按规定填写借款合同,承诺离开学校后向贷款人提供工作单位和通讯方式,承诺贷款逾期一年不还,又未提出展期,可由贷款人在就学的高等学校或相关媒体上公布其姓名、身份证号码,予以查询。

第六条 助学贷款的最高限额不超过学生在读期间所在学校的学费与生活费。

第七条 助学贷款的期限一般不超过八年,是否展期由贷款人与借款人商定。

第八条 助学贷款利率按中国人民银行规定的同期限贷款利率执行，不上浮。

第九条 助学贷款采取灵活的还本付息方式，可提前还贷，或利随本清，或分次偿还（按年、按季或按月），具体方式由贷款人和借款人商定并载入合同。贷款本息提前归还的，提前归还的部分按合同约定利率和实际使用时间计收利息；贷款本息不能按期归还的，贷款人按规定计收罚息。

第十条 各级政府和社会各界为借款人提供担保或利息补贴的，其贴息比例、贴息时间由贷款人或借款人所在学校与贴息提供者共同商定。

第十一条 借款人要恪守信用，如因各种原因离开学校后，应主动告知贷款人其最新通讯方式和工作单位，按期偿还贷款本息。

第十二条 高等学校应对在读学生申请助学贷款和贷款人发放、收回助学贷款的管理工作予以协助。如借款人在校期间发生转学、休学、退学、出国、被开除、伤亡等情况，借款人所在学校有义务及时通知贷款人。

第十三条 贷款人要根据本办法制定具体的操作规程，改进服务，加强对助学贷款发放和收回的管理，提高助学贷款的使用效益。

最高人民法院关于审理民间借贷案件适用法律若干问题的规定

法释〔2015〕18号

(2015年6月23日最高人民法院审判委员会第1655次会议通过)

为正确审理民间借贷纠纷案件,根据《中华人民共和国民法通则》《中华人民共和国物权法》《中华人民共和国担保法》《中华人民共和国合同法》《中华人民共和国民事诉讼法》《中华人民共和国刑事诉讼法》等相关法律之规定,结合审判实践,制定本规定。

第一条 本规定所称的民间借贷,是指自然人、法人、其他组织之间及其相互之间进行资金融通的行为。

经金融监管部门批准设立的从事贷款业务的金融机构及其分支机构,因发放贷款等相关金融业务引发的纠纷,不适用本规定。

第二条 出借人向人民法院起诉时,应当提供借据、收据、欠条等债权凭证以及其他能够证明借贷法律关系存在的证据。

当事人持有的借据、收据、欠条等债权凭证没有载明债权人,持有债权凭证的当事人提起民间借贷诉讼的,人民法院应予受理。被告对原告的债权人资格提出有事实依据的抗辩,人民法院经审理认为原告不具有债权人资格的,裁定驳回起诉。

第三条 借贷双方就合同履行地未约定或者约定不明确,事后未达成补充协议,按照合同有关条款或者交易习惯仍不能确定的,以接受货币一方所在地为合同履行地。

第四条 保证人为借款人提供连带责任保证,出借人仅起诉借款人的,人民法院可以不追加保证人为共同被告;出借人仅起诉保证人的,人民法院可以追加借款人为共同被告。

保证人为借款人提供一般保证,出借人仅起诉保证人的,人民法院应当追加借款人为共同被告;出借人仅起诉借款人的,人民法院可以不追加保证人为共同被告。

第五条 人民法院立案后,发现民间借贷行为本身涉嫌非法集资犯罪的,应当裁定驳回起诉,并将涉嫌非法集资犯罪的线索、材料移送公安或者检察机关。

公安或者检察机关不予立案,或者立案侦查后撤销案件,或者检察机关作出不起诉决定,或者经人民法院生效判决认定不构成非法集资犯罪,当事人又以同一事实向人民法院提起诉讼的,人民法院应予受理。

第六条 人民法院立案后,发现与民间借贷纠纷案件虽有关联但不是同一事实的涉嫌非法集资等犯罪的线索、材料的,人民法院应当继续审理民间借贷纠纷案件,并将涉嫌非法集资等犯罪的线索、材料移送公安或者检察机关。

第七条 民间借贷的基本案件事实必须以刑事案件审理结果为依据,而该刑事案件尚未审结的,人民法院应当裁定中止诉讼。

第八条 借款人涉嫌犯罪或者生效判决认定其有罪,出借人起诉请求担保人承担民事责任的,人民法院应予受理。

第九条 具有下列情形之一,可以视为具备合同法第二百一十条关于自然人之间借款合同的生效要件:

(一)以现金支付的,自借款人收到借款时;

(二)以银行转账、网上电子汇款或者通过网络贷款平台等形式支付的,自资金到达借款人账户时;

(三)以票据交付的,自借款人依法取得票据权利时;

(四)出借人将特定资金账户支配权授权给借款人的,自借款人取得对该账户实际支配权时;

(五)出借人以与借款人约定的其他方式提供借款并实际履行完成时。

第十条 除自然人之间的借款合同外,当事人主张民间借贷合同自合同成立时生效的,人民法院应予支持,但当事人另有约定或者法律、行政法规另有规定的除外。

第十一条 法人之间、其他组织之间以及它们相互之间为生产、经营需要订立的民间借贷合同,除存在合同法第五十二条、本规定第十四条规定的情形外,当事人主张民间借贷合同有效的,人民法院应予支持。

第十二条 法人或者其他组织在本单位内部通过借款形式向职工筹集资金,用于本单位生产、经营,且不存在合同法第五十二条、本规定第十四条规定的情形,当事人主张民间借贷合同有效的,人民法院应予支持。

第十三条 借款人或者出借人的借贷行为涉嫌犯罪,或者已经生效的判决认定构成犯罪,当事人提起民事诉讼的,民间借贷合同并不当然无效。人民法院应当根据合同法第五十二条、本规定第十四条之规定,认定民间借贷合同的效力。

担保人以借款人或者出借人的借贷行为涉嫌犯罪或者已经生效的判决认定构成犯罪为由,主张不承担民事责任的,人民法院应当依据民间借贷合同与担保合同的效力、当事人的过错程度,依法确定担保人的民事责任。

第十四条 具有下列情形之一,人民法院应当认定民间借贷合同无效:

(一)套取金融机构信贷资金又高利转贷给借款人,且借款人事先知道或者应当知道的;

(二)以向其他企业借贷或者向本单位职工集资取得的资金又转贷给借款人牟利,且借款人事先知道或者应当知道的;

(三)出借人事先知道或者应当知道借款人借款用于违法犯罪活动仍然提供借款的;

(四)违背社会公序良俗的;

(五)其他违反法律、行政法规效力性强制性规定的。

第十五条 原告以借据、收据、欠条等债权凭证为依据提起民间借贷诉讼,被告依据基础法律关系提出抗辩或者反诉,并提供证据证明债权纠纷非民间借贷行为引起的,人民法院应当依据查明的案件事实,按照基础法律关系审理。

当事人通过调解、和解或者清算达成的债权债务协议，不适用前款规定。

第十六条　原告仅依据借据、收据、欠条等债权凭证提起民间借贷诉讼，被告抗辩已经偿还借款，被告应当对其主张提供证据证明。被告提供相应证据证明其主张后，原告仍应就借贷关系的成立承担举证证明责任。

被告抗辩借贷行为尚未实际发生并能作出合理说明，人民法院应当结合借贷金额、款项交付、当事人的经济能力、当地或者当事人之间的交易方式、交易习惯、当事人财产变动情况以及证人证言等事实和因素，综合判断查证借贷事实是否发生。

第十七条　原告仅依据金融机构的转账凭证提起民间借贷诉讼，被告抗辩转账系偿还双方之前借款或其他债务，被告应当对其主张提供证据证明。被告提供相应证据证明其主张后，原告仍应就借贷关系的成立承担举证证明责任。

第十八条　根据《关于适用〈中华人民共和国民事诉讼法〉的解释》第一百七十四条第二款之规定，负有举证证明责任的原告无正当理由拒不到庭，经审查现有证据无法确认借贷行为、借贷金额、支付方式等案件主要事实，人民法院对其主张的事实不予认定。

第十九条　人民法院审理民间借贷纠纷案件时发现有下列情形，应当严格审查借贷发生的原因、时间、地点、款项来源、交付方式、款项流向以及借贷双方的关系、经济状况等事实，综合判断是否属于虚假民事诉讼：

（一）出借人明显不具备出借能力；

（二）出借人起诉所依据的事实和理由明显不符合常理；

（三）出借人不能提交债权凭证或者提交的债权凭证存在伪造的可能；

（四）当事人双方在一定期间内多次参加民间借贷诉讼；

（五）当事人一方或者双方无正当理由拒不到庭参加诉讼，委托代理人对借贷事实陈述不清或者陈述前后矛盾；

（六）当事人双方对借贷事实的发生没有任何争议或者诉辩明显

不符合常理；

（七）借款人的配偶或合伙人、案外人的其他债权人提出有事实依据的异议；

（八）当事人在其他纠纷中存在低价转让财产的情形；

（九）当事人不正当放弃权利；

（十）其他可能存在虚假民间借贷诉讼的情形。

第二十条 经查明属于虚假民间借贷诉讼，原告申请撤诉的，人民法院不予准许，并应当根据民事诉讼法第一百一十二条之规定，判决驳回其请求。

诉讼参与人或者其他人恶意制造、参与虚假诉讼，人民法院应当依照民事诉讼法第一百一十一条、第一百一十二条和第一百一十三条之规定，依法予以罚款、拘留；构成犯罪的，应当移送有管辖权的司法机关追究刑事责任。

单位恶意制造、参与虚假诉讼的，人民法院应当对该单位进行罚款，并可以对其主要负责人或者直接责任人员予以罚款、拘留；构成犯罪的，应当移送有管辖权的司法机关追究刑事责任。

第二十一条 他人在借据、收据、欠条等债权凭证或者借款合同上签字或者盖章，但未表明其保证人身份或者承担保证责任，或者通过其他事实不能推定其为保证人，出借人请求其承担保证责任的，人民法院不予支持。

第二十二条 借贷双方通过网络贷款平台形成借贷关系，网络贷款平台的提供者仅提供媒介服务，当事人请求其承担担保责任的，人民法院不予支持。

网络贷款平台的提供者通过网页、广告或者其他媒介明示或者有其他证据证明其为借贷提供担保，出借人请求网络贷款平台的提供者承担担保责任的，人民法院应予支持。

第二十三条 企业法定代表人或负责人以企业名义与出借人签订民间借贷合同，出借人、企业或者其股东能够证明所借款项用于企业法定代表人或负责人个人使用，出借人请求将企业法定代表人或负责人列为共同被告或者第三人的，人民法院应予准许。

企业法定代表人或负责人以个人名义与出借人签订民间借贷合同，所借款项用于企业生产经营，出借人请求企业与个人共同承担责任的，人民法院应予支持。

第二十四条　当事人以签订买卖合同作为民间借贷合同的担保，借款到期后借款人不能还款，出借人请求履行买卖合同的，人民法院应当按照民间借贷法律关系审理，并向当事人释明变更诉讼请求。当事人拒绝变更的，人民法院裁定驳回起诉。

按照民间借贷法律关系审理作出的判决生效后，借款人不履行生效判决确定的金钱债务，出借人可以申请拍卖买卖合同标的物，以偿还债务。就拍卖所得的价款与应偿还借款本息之间的差额，借款人或者出借人有权主张返还或补偿。

第二十五条　借贷双方没有约定利息，出借人主张支付借期内利息的，人民法院不予支持。

自然人之间借贷对利息约定不明，出借人主张支付利息的，人民法院不予支持。除自然人之间借贷的外，借贷双方对借贷利息约定不明，出借人主张利息的，人民法院应当结合民间借贷合同的内容，并根据当地或者当事人的交易方式、交易习惯、市场利率等因素确定利息。

第二十六条　借贷双方约定的利率未超过年利率24%，出借人请求借款人按照约定的利率支付利息的，人民法院应予支持。

借贷双方约定的利率超过年利率36%，超过部分的利息约定无效。借款人请求出借人返还已支付的超过年利率36%部分的利息的，人民法院应予支持。

第二十七条　借据、收据、欠条等债权凭证载明的借款金额，一般认定为本金。预先在本金中扣除利息的，人民法院应当将实际出借的金额认定为本金。

第二十八条　借贷双方对前期借款本息结算后将利息计入后期借款本金并重新出具债权凭证，如果前期利率没有超过年利率24%，重新出具的债权凭证载明的金额可认定为后期借款本金；超过部分的利息不能计入后期借款本金。约定的利率超过年利率24%，当事人主张超过部分的利息不能计入后期借款本金的,人民法院应予支持。

按前款计算,借款人在借款期间届满后应当支付的本息之和,不能超过最初借款本金与以最初借款本金为基数,以年利率24%计算的整个借款期间的利息之和。出借人请求借款人支付超过部分的,人民法院不予支持。

第二十九条 借贷双方对逾期利率有约定的,从其约定,但以不超过年利率24%为限。

未约定逾期利率或者约定不明的,人民法院可以区分不同情况处理:

(一)既未约定借期内的利率,也未约定逾期利率,出借人主张借款人自逾期还款之日起按照年利率6%支付资金占用期间利息的,人民法院应予支持;

(二)约定了借期内的利率但未约定逾期利率,出借人主张借款人自逾期还款之日起按照借期内的利率支付资金占用期间利息的,人民法院应予支持。

第三十条 出借人与借款人既约定了逾期利率,又约定了违约金或者其他费用,出借人可以选择主张逾期利息、违约金或者其他费用,也可以一并主张,但总计超过年利率24%的部分,人民法院不予支持。

第三十一条 没有约定利息但借款人自愿支付,或者超过约定的利率自愿支付利息或违约金,且没有损害国家、集体和第三人利益,借款人又以不当得利为由要求出借人返还的,人民法院不予支持,但借款人要求返还超过年利率36%部分的利息除外。

第三十二条 借款人可以提前偿还借款,但当事人另有约定的除外。

借款人提前偿还借款并主张按照实际借款期间计算利息的,人民法院应予支持。

第三十三条 本规定公布施行后,最高人民法院于1991年8月13日发布的《关于人民法院审理借贷案件的若干意见》同时废止;最高人民法院以前发布的司法解释与本规定不一致的,不再适用。

个人贷款管理暂行办法

中国银行业监督管理委员会令

2010年第2号

《个人贷款管理暂行办法》已经中国银行业监督管理委员会第72次主席会议通过,现予公布,并自发布之日起施行。

中国银行业监督管理委员会主席
二〇一〇年二月十二日

第一章 总 则

第一条 为规范银行业金融机构个人贷款业务行为,加强个人贷款业务审慎经营管理,促进个人贷款业务健康发展,依据《中华人民共和国银行业监督管理法》、《中华人民共和国商业银行法》等法律法规,制定本办法。

第二条 中华人民共和国境内经中国银行业监督管理委员会批准设立的银行业金融机构(以下简称贷款人)经营个人贷款业务,应遵守本办法。

第三条 本办法所称个人贷款,是指贷款人向符合条件的自然人发放的用于个人消费、生产经营等用途的本外币贷款。

第四条 个人贷款应当遵循依法合规、审慎经营、平等自愿、公平诚信的原则。

第五条 贷款人应建立有效的个人贷款全流程管理机制，制订贷款管理制度及每一贷款品种的操作规程，明确相应贷款对象和范围，实施差别风险管理，建立贷款各操作环节的考核和问责机制。

第六条 贷款人应按区域、品种、客户群等维度建立个人贷款风险限额管理制度。

第七条 个人贷款用途应符合法律法规规定和国家有关政策，贷款人不得发放无指定用途的个人贷款。

贷款人应加强贷款资金支付管理，有效防范个人贷款业务风险。

第八条 个人贷款的期限和利率应符合国家相关规定。

第九条 贷款人应建立借款人合理的收入偿债比例控制机制，结合借款人收入、负债、支出、贷款用途、担保情况等因素，合理确定贷款金额和期限，控制借款人每期还款额不超过其还款能力。

第十条 中国银行业监督管理委员会依照本办法对个人贷款业务实施监督管理。

第二章 受理与调查

第十一条 个人贷款申请应具备以下条件：

（一）借款人为具有完全民事行为能力的中华人民共和国公民或符合国家有关规定的境外自然人；

（二）贷款用途明确合法；

（三）贷款申请数额、期限和币种合理；

（四）借款人具备还款意愿和还款能力；

（五）借款人信用状况良好，无重大不良信用记录；

（六）贷款人要求的其他条件。

第十二条 贷款人应要求借款人以书面形式提出个人贷款申请，并要求借款人提供能够证明其符合贷款条件的相关资料。

第十三条　贷款人受理借款人贷款申请后，应履行尽职调查职责，对个人贷款申请内容和相关情况的真实性、准确性、完整性进行调查核实，形成调查评价意见。

第十四条　贷款调查包括但不限于以下内容：

（一）借款人基本情况；

（二）借款人收入情况；

（三）借款用途；

（四）借款人还款来源、还款能力及还款方式；

（五）保证人担保意愿、担保能力或抵（质）押物价值及变现能力。

第十五条　贷款调查应以实地调查为主、间接调查为辅，采取现场核实、电话查问以及信息咨询等途径和方法。

第十六条　贷款人在不损害借款人合法权益和风险可控的前提下，可将贷款调查中的部分特定事项审慎委托第三方代为办理，但必须明确第三方的资质条件。

贷款人不得将贷款调查的全部事项委托第三方完成。

第十七条　贷款人应建立并严格执行贷款面谈制度。

通过电子银行渠道发放低风险质押贷款的，贷款人至少应当采取有效措施确定借款人真实身份。

第三章　风险评价与审批

第十八条　贷款审查应对贷款调查内容的合法性、合理性、准确性进行全面审查，重点关注调查人的尽职情况和借款人的偿还能力、诚信状况、担保情况、抵（质）押比率、风险程度等。

第十九条　贷款风险评价应以分析借款人现金收入为基础，采取定量和定性分析方法，全面、动态地进行贷款审查和风险评估。

贷款人应建立和完善借款人信用记录和评价体系。

第二十条　贷款人应根据审慎性原则，完善授权管理制度，规范审批操作流程，明确贷款审批权限，实行审贷分离和授权审批，确保贷款审批人员按照授权独立审批贷款。

　　第二十一条　对未获批准的个人贷款申请，贷款人应告知借款人。

　　第二十二条　贷款人应根据重大经济形势变化、违约率明显上升等异常情况，对贷款审批环节进行评价分析，及时、有针对性地调整审批政策，加强相关贷款的管理。

第四章　协议与发放

　　第二十三条　贷款人应与借款人签订书面借款合同，需担保的应同时签订担保合同。贷款人应要求借款人当面签订借款合同及其他相关文件，但电子银行渠道办理的贷款除外。

　　第二十四条　借款合同应符合《中华人民共和国合同法》的规定，明确约定各方当事人的诚信承诺和贷款资金的用途、支付对象（范围）、支付金额、支付条件、支付方式等。

　　借款合同应设立相关条款，明确借款人不履行合同或怠于履行合同时应当承担的违约责任。

　　第二十五条　贷款人应建立健全合同管理制度，有效防范个人贷款法律风险。

　　借款合同采用格式条款的，应当维护借款人的合法权益，并予以公示。

　　第二十六条　贷款人应依照《中华人民共和国物权法》、《中华人民共和国担保法》等法律法规的相关规定，规范担保流程与操作。

　　按合同约定办理抵押物登记的，贷款人应当参与。贷款人委托第三方办理的，应对抵押物登记情况予以核实。

　　以保证方式担保的个人贷款，贷款人应由不少于两名信贷人员完成。

　　第二十七条　贷款人应加强对贷款的发放管理，遵循审贷与放贷分离的原则，设立独立的放款管理部门或岗位，负责落实放款条件、发放满足约定条件的个人贷款。

第二十八条 借款合同生效后，贷款人应按合同约定及时发放贷款。

第五章 支付管理

第二十九条 贷款人应按照借款合同约定，通过贷款人受托支付或借款人自主支付的方式对贷款资金的支付进行管理与控制。

贷款人受托支付是指贷款人根据借款人的提款申请和支付委托，将贷款资金支付给符合合同约定用途的借款人交易对象。

借款人自主支付是指贷款人根据借款人的提款申请将贷款资金直接发放至借款人账户，并由借款人自主支付给符合合同约定用途的借款人交易对象。

第三十条 个人贷款资金应当采用贷款人受托支付方式向借款人交易对象支付，但本办法第三十三条规定的情形除外。

第三十一条 采用贷款人受托支付的，贷款人应要求借款人在使用贷款时提出支付申请，并授权贷款人按合同约定方式支付贷款资金。

贷款人应在贷款资金发放前审核借款人相关交易资料和凭证是否符合合同约定条件，支付后做好有关细节的认定记录。

第三十二条 贷款人受托支付完成后，应详细记录资金流向，归集保存相关凭证。

第三十三条 有下列情形之一的个人贷款，经贷款人同意可以采取借款人自主支付方式：

（一）借款人无法事先确定具体交易对象且金额不超过三十万元人民币的；

（二）借款人交易对象不具备条件有效使用非现金结算方式的；

（三）贷款资金用于生产经营且金额不超过五十万元人民币的；

（四）法律法规规定的其他情形的。

第三十四条 采用借款人自主支付的，贷款人应与借款人在借合同中事先约定，要求借款人定期报告或告知贷款人贷款资金支付情况。

贷款人应当通过账户分析、凭证查验或现场调查等方式，核查贷款支付是否符合约定用途。

第六章 贷后管理

第三十五条 个人贷款支付后，贷款人应采取有效方式对贷款资金使用、借款人的信用及担保情况变化等进行跟踪检查和监控分析，确保贷款资产安全。

第三十六条 贷款人应区分个人贷款的品种、对象、金额等，确定贷款检查的相应方式、内容和频度。贷款人内部审计等部门应对贷款检查职能部门的工作质量进行抽查和评价。

第三十七条 贷款人应定期跟踪分析评估借款人履行借款合同约定内容的情况，并作为与借款人后续合作的信用评价基础。

第三十八条 贷款人应当按照法律法规规定和借款合同的约定，对借款人未按合同承诺提供真实、完整信息和未按合同约定用途使用、支付贷款等行为追究违约责任。

第三十九条 经贷款人同意，个人贷款可以展期。

一年以内（含）的个人贷款，展期期限累计不得超过原贷款期限；一年以上的个人贷款，展期期限累计与原贷款期限相加，不得超过该贷款品种规定的最长贷款期限。

第四十条 贷款人应按照借款合同约定，收回贷款本息。

对于未按照借款合同约定偿还的贷款，贷款人应采取措施进行清收，或者协议重组。

第七章 法律责任

第四十一条 贷款人违反本办法规定办理个人贷款业务的，中国银行业监督管理委员会应当责令其限期改正。贷款人有下列情形之一的，中国银行业监督管理委员会可采取《中华人民共和国银行业监督管理法》第三十七条规定的监管措施：

（一）贷款调查、审查未尽职的；

（二）未按规定建立、执行贷款面谈、借款合同面签制度的；

（三）借款合同采用格式条款未公示的；

（四）违反本办法第二十七条规定的；

（五）支付管理不符合本办法要求的。

第四十二条　贷款人有下列情形之一的，中国银行业监督管理委员会除按本办法第四十一条采取监管措施外，还可根据《中华人民共和国银行业监督管理法》第四十六条、第四十八条规定对其进行处罚：

（一）发放不符合条件的个人贷款的；

（二）签订的借款合同不符合本办法规定的；

（三）违反本办法第七条规定的；

（四）将贷款调查的全部事项委托第三方完成的；

（五）超越或变相超越贷款权限审批贷款的；

（六）授意借款人虚构情节获得贷款的；

（七）对借款人违背借款合同约定的行为应发现而未发现，或虽发现但未采取有效措施的；

（八）严重违反本办法规定的审慎经营规则的其他情形的。

第八章　附　则

第四十三条　以存单、国债或者中国银行业监督管理委员会认可的其他金融产品作质押发放的个人贷款，消费金融公司、汽车金融公司等非银行金融机构发放的个人贷款，可参照本办法执行。

银行业金融机构发放给农户用于生产性贷款等国家有专门政策规定的特殊类个人贷款，暂不执行本办法。

信用卡透支，不适用本办法。

第四十四条　个体工商户和农村承包经营户申请个人贷款用于生

产经营且金额超过五十万元人民币的,按贷款用途适用相关贷款管理办法的规定。

第四十五条 贷款人应依照本办法制定个人贷款业务管理细则及操作规程。

第四十六条 本办法由中国银行业监督管理委员会负责解释。

第四十七条 本办法自发布之日起施行。

农户贷款管理办法

中国银监会关于印发《农户贷款管理办法》的通知

银监发〔2012〕50号

各银监局，各政策性银行、国有商业银行、股份制商业银行，邮政储蓄银行，北京、天津、上海、重庆、宁夏黄河、深圳农村商业银行，各省级农村信用联社：

现将《农户贷款管理办法》（以下简称《管理办法》）印发给你们，请农村金融机构遵照执行，其他银行业金融机构参照执行。请各银监局将本《管理办法》转发至辖内城市商业银行、农村商业银行、农村合作银行、农村信用社、村镇银行和外资法人银行。

2012年9月17日

第一章 总 则

第一条 为提高银行业金融机构支农服务水平，规范农户贷款业务行为，加强农户贷款风险管控，促进农户贷款稳健发展，依据《中华人民共和国银行业监督管理法》、《中华人民共和国商业银行法》等法律法规，制定本办法。

第二条 本办法所称农户贷款,是指银行业金融机构向符合条件的农户发放的用于生产经营、生活消费等用途的本外币贷款。本办法所称农户是指长期居住在乡镇和城关镇所辖行政村的住户、国有农场的职工和农村个体工商户。

第三条 本办法适用于开办农户贷款业务的农村金融机构。

第四条 中国银监会依照本办法对农户贷款业务实施监督管理。

第二章 管理架构与政策

第五条 农村金融机构应当坚持服务"三农"的市场定位,本着"平等透明、规范高效、风险可控、互惠互利"的原则,积极发展农户贷款业务,制定农户贷款发展战略,积极创新产品,建立专门的风险管理与考核激励机制,加大营销力度,不断扩大授信覆盖面,提高农户贷款的可得性、便利性和安全性。

第六条 农村金融机构应当增强主动服务意识,加强产业发展与市场研究,了解发掘农户信贷需求,创新抵押担保方式,积极开发适合农户需求的信贷产品,积极开展农村金融消费者教育。

第七条 农村金融机构应当结合自身特点、风险管控要求及农户服务需求,形成营销职能完善、管理控制严密、支持保障有力的农户贷款全流程管理架构。具备条件的机构可以实行条线管理或事业部制架构。

第八条 农村金融机构应当建立包括建档、营销、受理、调查、评级、授信、审批、放款、贷后管理与动态调整等内容的农户贷款管理流程。针对不同的农户贷款产品,可以采取差异化的管理流程。对于农户小额信用(担保)贷款可以简化合并流程,按照"一次核定、随用随贷、余额控制、周转使用、动态调整"模式进行管理;对其他农户贷款可以按照"逐笔申请、逐笔审批发放"的模式进行管理;对当地特色优势农业产业贷款,可以适当采取批量授信、快速审批模式进行管理。

第九条 农村金融机构应当优化岗位设计,围绕受理、授信、用信、贷后管理等关键环节,科学合理设置前、中、后台岗位,实行前后台分离,确保职责清晰、制约有效。

第十条 农村金融机构应当提高办贷效率,加大惠农力度,公开贷款条件、贷款流程、贷款利率与收费标准、办结时限以及廉洁操守准则、监督方式等。

第十一条 农村金融机构开展农户贷款业务应当维护借款人权益,严禁向借款人预收利息、收取账户管理费用、搭售金融产品等不规范经营行为。

第十二条 农村金融机构应当提高农户贷款管理服务效率,研发完善农户贷款管理信息系统与自助服务系统,并与核心业务系统有效对接。

第三章 贷款基本要素

第十三条 贷款条件。农户申请贷款应当具备以下条件:

(一) 农户贷款以户为单位申请发放,并明确一名家庭成员为借款人,借款人应当为具有完全民事行为能力的中华人民共和国公民;

(二) 户籍所在地、固定住所或固定经营场所在农村金融机构服务辖区内;

(三) 贷款用途明确合法;

(四) 贷款申请数额、期限和币种合理;

(五) 借款人具备还款意愿和还款能力;

(六) 借款人无重大信用不良记录;

(七) 在农村金融机构开立结算账户;

(八) 农村金融机构要求的其他条件。

第十四条 贷款用途。农户贷款用途应当符合法律法规规定和国家有关政策,不得发放无指定用途的农户贷款。按照用途分类,农户贷款分为农户生产经营贷款和农户消费贷款。

(一) 农户生产经营贷款是指农村金融机构发放给农户用于生产经营活动的贷款,包括农户农、林、牧、渔业生产经营贷款和农户其他生产经营贷款。

（二）农户消费贷款是指农村金融机构发放给农户用于自身及家庭生活消费，以及医疗、学习等需要的贷款。农户住房按揭贷款按照各银行业金融机构按揭贷款管理规定办理。

第十五条　贷款种类。按信用形式分类，农户贷款分为信用贷款、保证贷款、抵押贷款、质押贷款，以及组合担保方式贷款。农村金融机构应当积极创新抵质押担保方式，加强农户贷款增信能力，控制农户贷款风险水平。

第十六条　贷款额度。农村金融机构应当根据借款人生产经营状况、偿债能力、贷款真实需求、信用状况、担保方式、机构自身资金状况和当地农村经济发展水平等因素，合理确定农户贷款额度。

第十七条　贷款期限。农村金融机构应当根据贷款项目生产周期、销售周期和综合还款能力等因素合理确定贷款期限。

第十八条　贷款利率。农村金融机构应当综合考虑农户贷款资金及管理成本、贷款方式、风险水平、合理回报等要素以及农户生产经营利润率和支农惠农要求，合理确定利率水平。

第十九条　还款方式。农村金融机构应当建立借款人合理的收入偿债比例控制机制，合理确定农户贷款还款方式。农户贷款还款方式根据贷款种类、期限及借款人现金流情况，可以采用分期还本付息、分期还息到期还本等方式。原则上一年期以上贷款不得采用到期利随本清方式。

第四章　受理与调查

第二十条　农村金融机构应当广泛建立农户基本信息档案，主动走访辖内农户，了解农户信贷需求。

第二十一条　农村金融机构应当要求农户以书面形式提出贷款申请，并提供能证明其符合贷款条件的相关资料。

第二十二条　农村金融机构受理借款人贷款申请后，应当履行尽职调查职责，对贷款申请内容和相关情况的真实性、准确性、完整性进行调查核实,对信用状况、风险、收益进行评价,形成调查评价意见。

第二十三条 贷前调查包括但不限于下列内容:

(一)借款人(户)基本情况;

(二)借款户收入支出与资产、负债等情况;

(三)借款人(户)信用状况;

(四)借款用途及预期风险收益情况;

(五)借款人还款来源、还款能力、还款意愿及还款方式;

(六)保证人担保意愿、担保能力或抵(质)押物价值及变现能力;

(七)借款人、保证人的个人信用信息基础数据库查询情况。

第二十四条 贷前调查应当深入了解借款户收支、经营情况,以及人品、信用等软信息。严格执行实地调查制度,并与借款人及其家庭成员进行面谈,做好面谈记录,面谈记录包括文字、图片或影像等。有效借助村委会、德高望重村民、经营共同体带头人等社会力量,准确了解借款人情况及经营风险。

第二十五条 农村金融机构应当建立完善信用等级及授信额度动态评定制度,根据借款人实际情况对借款人进行信用等级评定,并结合贷款项目风险情况初步确定授信限额、授信期限及贷款利率等。

第五章 审查与审批

第二十六条 农村金融机构应当遵循审慎性与效率原则,建立完善独立审批制度,完善农户信贷审批授权,根据业务职能部门和分支机构的经营管理水平及风险控制能力等,实行逐级差别化授权。

第二十七条 农村金融机构应当逐步推行专业化的农户贷款审贷机制,可以根据产品特点,采取批量授信、在线审批等方式,提高审批效率和服务质量。

第二十八条 贷中审查应当对贷款调查内容的合规性和完备性进行全面审查,重点关注贷前调查尽职情况、申请材料完备性和借款人的偿还能力、诚信状况、担保情况、抵（质）押及经营风险等。依据贷款审查结果，确定授信额度，作出审批决定。

第二十九条 农村金融机构应当在办结时限以前将贷款审批结果及时、主动告知借款人。

第三十条 农村金融机构应当根据外部经济形势、违约率变化等情况，对贷款审批环节进行评价分析，及时、有针对性地调整审批政策和授权。

第六章 发放与支付

第三十一条 农村金融机构应当要求借款人当面签订借款合同及其他相关文件，需担保的应当当面签订担保合同。采取指纹识别、密码等措施，确认借款人与指定账户真实性，防范顶冒名贷款问题。

第三十二条 借款合同应当符合《中华人民共和国合同法》以及《个人贷款管理暂行办法》的规定，明确约定各方当事人的诚信承诺和贷款资金的用途、支付对象（范围）、支付金额、支付条件、支付方式、还款方式等。借款合同应当设立相关条款，明确借款人不履行合同或怠于履行合同时应当承担的违约责任。

第三十三条 农村金融机构应当遵循审贷与放贷分离的原则，加强对贷款的发放管理，设立独立的放款管理部门或岗位，负责落实放款条件，对满足约定条件的借款人发放贷款。

第三十四条 有下列情形之一的农户贷款，经农村金融机构同意可以采取借款人自主支付：

（一）农户生产经营贷款且金额不超过 50 万元，或用于农副产品收购等无法确定交易对象的；

（二）农户消费贷款且金额不超过 30 万元；

（三）借款人交易对象不具备有效使用非现金结算条件的；

（四）法律法规规定的其他情形。鼓励采用贷款人受托支付方式向借款人交易对象进行支付。

第三十五条 采用借款人自主支付的，农村金融机构应当与借款人在借款合同中明确约定；农村金融机构应当通过账户分析或现场调查等方式，核查贷款使用是否符合约定用途。

第三十六条　借款合同生效后，农村金融机构应当按合同约定及时发放贷款。贷款采取自主支付方式发放时，必须将款项转入指定的借款人结算账户，严禁以现金方式发放贷款，确保资金发放给真实借款人。

第七章　贷后管理

第三十七条　农村金融机构应当建立贷后定期或不定期检查制度，明确首贷检查期限，采取实地检查、电话访谈、检查结算账户交易记录等多种方式，对贷款资金使用、借款人信用及担保情况变化等进行跟踪检查和监控分析，确保贷款资金安全。

第三十八条　农村金融机构贷后管理中应当着重排查防范假名、冒名、借名贷款，包括建立贷款本息独立对账制度、不定期重点检（抽）查制度以及至少两年一次的全面交叉核查制度。

第三十九条　农村金融机构风险管理部门、审计部门应当对分支机构贷后管理情况进行检查。

第四十条　农村金融机构应当建立风险预警制度，定期跟踪分析评估借款人履行借款合同约定内容的情况以及抵质押担保情况，及时发现借款人、担保人的潜在风险并发出预警提示，采取增加抵质押担保、调整授信额度、提前收回贷款等措施，并作为与其后续合作的信用评价基础。

第四十一条　农村金融机构应当在贷款还款日之前预先提示借款人安排还款，并按照借款合同约定按期收回贷款本息。

第四十二条　农村金融机构对逾期贷款应当及时催收，按逾期时间长短和风险程度逐级上报处理，掌握借款人动态，及时采取措施保全信贷资产安全。

第四十三条　对于因自然灾害、农产品价格波动等客观原因造成借款人无法按原定期限正常还款的，由借款人申请，经农村金融机构同意，可以对还款意愿良好、预期现金流量充分、具备还款能力的农户贷款进行合理展期，展期时间结合生产恢复时间确定。已展期贷款不得再次展期。展期贷款最高列入关注类进行管理。

第四十四条 对于未按照借款合同约定收回的贷款，应当采取措施进行清收，也可以在利息还清、本金部分偿还、原有担保措施不弱化等情况下协议重组。

第四十五条 农村金融机构应当严格按照风险分类的规定，对农户贷款进行准确分类及动态调整，真实反映贷款形态。

第四十六条 对确实无法收回的农户贷款，农村金融机构可以按照相关规定进行核销，按照账销案存原则继续向借款人追索或进行市场化处置，并按责任制和容忍度规定，落实有关人员责任。

第四十七条 农村金融机构应当建立贷款档案管理制度，及时汇集更新客户信息及贷款情况，确保农户贷款档案资料的完整性、有效性和连续性。根据信用情况、还本付息和经营风险等情况，对客户信用评级与授信限额进行动态管理和调整。

第四十八条 农村金融机构要建立优质农户与诚信客户正向激励制度，对按期还款、信用良好的借款人采取优惠利率、利息返还、信用累积奖励等方式，促进信用环境不断改善。

第八章　激励与约束

第四十九条 农村金融机构应当以支持农户贷款发展为基础，建立科学合理的农户贷款定期考核制度，对农户贷款的服务、管理、质量等情况进行考核，并给予一定的容忍度。主要考核指标包括但不限于：

（一）农户贷款户数、金额（累放、累收及新增）、工作量、农户贷款占比等服务指标；

（二）农户贷款到期本金回收率、利息回收率及增减变化等管理指标；

（三）农户贷款不良率、不良贷款迁徙率及增减变化等质量指标。

第五十条 农村金融机构应当根据风险收益相匹配的原则对农户贷款业务财务收支实施管理,具备条件的可以实行财务单独核算。

第五十一条 农村金融机构应当制订鼓励农户贷款长期可持续发展的绩效薪酬管理制度。根据以风险调整收益为基础的模拟利润建立绩效薪酬考核机制,绩效薪酬权重应当对农户贷款业务予以倾斜,体现多劳多得、效益与风险挂钩的激励约束要求。

第五十二条 农村金融机构应当建立包含农户贷款业务在内的尽职免责制度、违法违规处罚制度和容忍度机制。尽职无过错,且风险在容忍度范围内的,应当免除责任;超过容忍度范围的,相关人员应当承担工作责任;违规办理贷款的,应当严肃追责处罚。

第九章　附　则

第五十三条 农村金融机构应当依照本办法制定农户贷款业务管理细则和操作规程。

第五十四条 其他银行业金融机构农户贷款业务,参照本办法执行。

第五十五条 本办法施行前公布的有关规定与本办法不一致的,按照本办法执行。

第五十六条 本办法由中国银监会负责解释。

第五十七条 本办法自2013年1月1日起施行。

中国人民银行个人住房贷款管理办法

中国人民银行关于颁布《个人住房贷款管理办法》的通知

银发〔1998〕190号

中国人民银行各省、自治区、直辖市分行、深圳经济特区分行；中国工商银行、中国农业银行、中国银行、中国建设银行、交通银行、中信实业银行、光大银行、华夏银行、中国投资银行、中国民生银行、广东发展银行、深圳发展银行、招商银行、福建兴业银行、上海浦东发展银行、海南发展银行、烟台住房储蓄银行、蚌埠住房储蓄银行（各城市合作银行由当地人民银行转发）：

为促进住房消费，支持住房产业成为新的经济增长点，改善银行信贷资产结构，我行对《个人住房担保贷款管理试行办法》进行了修改，现将修改后的《个人住房贷款管理办法》（以下简称《办法》印发给你们，请遵照执行，并就有关问题通知如下：

一、个人住房贷款业务可在所有城镇办理。

二、个人住房贷款限用于购自用普通住房和城市居民修、建自用住房，不得用于购买豪华住房。

三、各家银行要认真组织学习《办法》，加强对此项业务的监督和管理。对《办法》执行中出现的新情况、新问题，要及时研究解决并报人民银行总行信贷管理司。

1998 年 5 月 9 日

第一章 总 则

第一条 为支持城镇居民购买自用普通住房，规范个人住房贷款管理，维护借贷双方的合法权益，根据《中华人民共和国商业银行法》、《中华人民共和国担保法》和《贷款通则》，制定本办法。

第二条 个人住房贷款（以下简称贷款）是指贷款人向借款人发放的用于购买自用普通住房的贷款。贷款人发放个人住房贷款时，借款人必须提供担保，借款人到期不能偿还贷款本息的，贷款人有权依法处理其抵押物或质物，或由保证人承担偿还本息的连带责任。

第三条 本办法适用于经中国人民银行批准设立的商业银行和住房储蓄银行。

第二章 贷款对象和条件

第四条 贷款对象应是具有完全民事行为能力的自然人。

第五条 借款人同时具备以下条件：

一、具有城镇常住户口或有效居留身份；

二、有稳定的职业和收入，信用良好，有偿还贷款本息的能力；

三、具有购买住房的合同或协议；

四、无住房补贴的以不低于所购住房全部价款的 30% 作为购房的首期付款；有住房补贴的以个人承担部分的 30% 作为购房的首期付款；

五、有贷款人认可的资产作为抵押或质押，或有足够代偿能力的单位或个人作为保证人；

六、贷款人规定的其他条件。

第六条 借款人应向贷人提供下列资料：

一、身份件（指居民身份证、户口本和其他有效居留证件）；

二、有关借款人家庭稳定的经济收入的证明；

三、符合规定的购买住房合同意向书、协议或其他批准文件；

四、抵押物或质物清单、权属证明以及有处分权人同意抵押或质押的证明；有权部门出具的抵押物估价证明；保证人同意提供担保的书面文件和保证人资信证明；

五、申请住房公积金贷款的，需持有住房公积金管理部门出具的证明；

六、贷款人要求提供的其他文件资料。

第三章 贷款程序

第七条 借款人应直接向贷款人提出借款申请，贷款人自收到贷款申请及符合要求的资料之日起，应在三周内向借款人正式答复。贷款人审查同意后，按照《贷款通则》的有关规定，向借款人发放住房贷款。

第八条 贷款人发放贷款的数额，不得大于房地产评估机构评估的拟购买住房的价值。

第九条 申请使用住房公积金贷款购买住房的，在借款申请批准后，按借款合同约定的时间，由贷款人以转帐方式将资金划转到售房单位在银行开立的帐户。住房公积金贷款额度最高不得超过借款家庭成员退休年龄内所交纳住房公积金数额的2倍。

第四章 贷款期限与利率

第十条 贷款人应根据实际情况合理确定贷款期限，但最长不得超过20年。

第十一条 借款人应与贷款银行制定还本付息计划，贷款期限在1年以内（含1年）的，实行到期一次还本付息，利随本清；贷款期限在1年以上的按月归还贷款本息。

第十二条 用信贷资金发放的个人住房

贷款利率按法定贷款利率（不含浮动）减档执行。即贷款期限为1年期以下（含1年）的，执行半年以下（含半年）法定贷款利率；期限为1至3年（含3年）的，执行6个月至1年期（含1年）法定贷款利率；期限为3至5年（含5年）的，执行1至3年期（含3年）法定贷款利率；期限为5至10年（含10年）的，执行3至5年（含5年）法定贷款利率；期限为10年以上的，在3至5年（含5年）法定贷款利率基础上适当上浮，上浮幅度最高不得超过5%。

第十三条 用住房公积金发放的个人住房贷款利率在3个月整存整取存款利率基础上加点执行。贷款期限为1年至3年（含3年）的，加1.8个百分点；期限为3至5年（含5年）的，加2.16个百分点；期限为5至10年（含10年）的，加2.34个百分点；期限为10至15年（含15年）的，加2.88个百分点；期限为15年至20年（含20年）的，加3.42个百分点。

第十四条 个人住房贷款期限在1年以内（含1年）的，实行合同利率，遇法定利率调整，不分段计算；贷款期限在1年以上的，遇法定利率调整，于下年初开始，按相应利率档次执行新的利率规定。

第五章 抵 押

第十五条 贷款抵押物应当符合《中华人民共和国担保法》第三十四条的规定。《中华人民共和国担保法》第三十七条规定不得抵押的财产不得用于贷款抵押。

第十六条 借款人以所购自用住房作为贷款抵押物的，必须将住房价值全额用于贷款抵押。

第十七条 以房地产作抵押的，抵押人和抵押权人应当签订书面抵押合同，并于放款前向县级以上地方人民政府规定的部门办理抵押登记手续，并于放款前向县级以上地方人民政府规定的部门办理抵押登记手续。抵押合同的有关内容按照《中华人民共和国担保法》第三十九条规定确定。

第十八条　借款人对抵押的财产在抵押期内必须妥善保管,负有维修、保养、保证完好无损的责任,并随时接受贷款人的监督检查。对设定的抵押物,在抵押期届满之前,贷款人不得擅自处分。

第十九条　抵押期间,未经贷款人同意,抵押人不得将抵押物再次抵押或出租、转让、变卖、馈赠。

第二十条　抵押合同自抵押物登记之日起生效,至借款人还清全部贷款本息时终止。抵押合同终止后,当事人应按合同的约定,解除设定的抵押权。以房地产作为抵押物的,解除抵押权时,应到原登记部门办理抵押注销登记手续。

第六章　质押和保证

第二十一条　采取质押方式的,出质人和质权人必须签订书面质押合同,《中华人民共和国担保法》规定需要办理登记的,应当办理登记手续。质押合同的有关内容,按照《中华人民共和国担保法》第六十五条的规定执行。生效日期按第七十六条至七十九条的规定执行。质押合同至借款人还清全部贷款本息时终止。

第二十二条　对设定的质物,在质押期届满之前,贷款人不得擅自处分。质押期间,质物如有损坏、遗失,贷款人应承担责任并负责赔偿。

第二十三条　借款人不能足额提供抵押(质押)时,应有贷款人认可的第三方提供承担连带责任的保证。保证人是法人,必须具有代为偿还全部贷款本息的能力,且在银行开立有存款帐户。保证人为自然人的,必须有固定经济来源,具有足够代偿能力,并且在贷款银行存有一定数额的保证金。

第二十四条　保证人与债权人应当以书面形式订立保证合同。保证人发生变更的,必须按照规定办理变更担保手续,未经贷款人认可,原保证合同不得撤销。

第七章 房屋保险

第二十五条 以房产作为抵押的,借款人需在合同签订前办理房屋保险或委托贷款人代办有关保险手续。抵押期内,保险单由贷款人保管。

第二十六条 抵押期内,借款人不得以任何理由中断或撤销保险;在保险期内,如发生保险责任范围以外的因借款人过错毁损,由借款人负全部责任。

第八章 借款合同的变更和终止

第二十七条 借款合同需要变更的,必须经借贷双方协商同意,并依法签订变更协议。

第二十八条 借款人死亡、宣告失踪或丧失民事行为能力,其财产合法继承人继续履行借款人所签订的借款合同。

第二十九条 保证人失去担保资格和能力,或发生合并、分立或破产时,借款人应变更保证人并重新办理担保手续。

第三十条 抵押人或出质人按合同规定偿还全部贷款本息后,抵押物或质物返还抵押人或出质人,借款合同终止。

第九章 抵押物或质物的处分

第三十一条 借款人在还款期限内死亡、失踪或丧失民事行为能力后无继承人或受遗赠人,或其法定继承人、受遗赠人拒绝履行借款合同的,贷款人有权依照《中华人民共和国担保法》的规定处分抵押物或质物。

第三十二条 处分抵押物或质物,其价款不足以偿还贷款本息的,贷款人有权向债务人追偿;其价款超过应偿还部分,贷款人应退还抵押人或出质人。

第三十三条 拍卖划拨的国有土地使用权所得的价款,在依法缴纳相当于应缴纳的土地使用权出让金的款项后,抵押权人有优先受偿权。

第三十四条 借款合同发生纠纷时,借贷双方应及时协商解决,协商不成的,任何一方均可依法申请仲裁或向人民法院提起诉讼。

第三十五条 借款人有下列情形之一的,贷款人按中国人民银行《贷款通则》的有关规定,对借款人追究违约责任:

一、借款人不按期归还贷款本息的;

二、借款人提供虚假文件或资料,已经或可能造成贷款损失的;

三、未经贷款人同意,借款人将设定抵押权或质押权财产或权益拆迁、出售、转让、赠与或重复抵押的。

四、借款人擅自改变贷款用途,挪用贷款的;

五、借款人拒绝或阻挠贷款人对贷款使用情况进行监督检查的;

六、借款人与其他法人或经济组织签订有损贷款人权益的合同或协议的;

七、保证人违反保证合同或丧失承担连带责任能力,抵押物因意外损毁不足以清偿贷款本息,质物明显减少影响贷款人实现质权,而借款人未按要求落实新保证或新抵押(质押)的。

第十章 附 则

第三十六条 个人住房贷款不得用于购买豪华住房。城镇居民修房、自建住房贷款,参照本办法执行。

第三十七条 贷款可根据本办法制定实施细则,并报中国人民银行备案。

第三十八条 本办法由中国人民银行负责解释和修改。

第三十九条 本办法自公布之日起施行。与本办法相抵触的有关规定同时废止。

汽车贷款管理办法

中国人民银行
中国银行业监督管理委员会令
〔2004〕第 2 号

《汽车贷款管理办法》已经 2004 年 3 月 22 日中国人民银行第 5 次行长办公会议和 2004 年 8 月 9 日中国银行业监督管理委员会主席会议审议通过，现予公布，自 2004 年 10 月 1 日起施行。

中国人民银行行长
中国银行业监督管理委员会主席
二〇〇四年八月十六日

第一章 总 则

第一条 为规范汽车贷款业务管理，防范汽车贷款风险，促进汽车贷款业务健康发展，根据《中华人民共和国中国人民银行法》、《中华人民共和国商业银行法》、《中华人民共和国银行业监督管理法》等法律规定，制定本办法。

第二条 本办法所称汽车贷款是指贷款人向借款人发放的用于购

买汽车（含二手车）的贷款，包括个人汽车贷款、经销商汽车贷款和机构汽车贷款。

第三条 本办法所称贷款人是指在中华人民共和国境内依法设立的、经中国银行业监督管理委员会及其派出机构批准经营人民币贷款业务的商业银行、城乡信用社及获准经营汽车贷款业务的非银行金融机构。

第四条 本办法所称自用车是指借款人通过汽车贷款购买的、不以营利为目的的汽车；商用车是指借款人通过汽车贷款购买的、以营利为目的的汽车；二手车是指从办理完机动车注册登记手续到规定报废年限一年之前进行所有权变更并依法办理过户手续的汽车。

第五条 汽车贷款利率按照中国人民银行公布的贷款利率规定执行，计、结息办法由借款人和贷款人协商确定。

第六条 汽车贷款的贷款期限（含展期）不得超过5年，其中，二手车贷款的贷款期限（含展期）不得超过3年，经销商汽车贷款的贷款期限不得超过1年。

第七条 借贷双方应当遵循平等、自愿、诚实、守信的原则。

第二章 个人汽车贷款

第八条 本办法所称个人汽车贷款，是指贷款人向个人借款人发放的用于购买汽车的贷款。

第九条 借款人申请个人汽车贷款，应当同时符合以下条件：

（一）是中华人民共和国公民，或在中华人民共和国境内连续居住一年以上（含一年）的港、澳、台居民及外国人；

（二）具有有效身份证明、固定和详细住址且具有完全民事行为能力；

（三）具有稳定的合法收入或足够偿还贷款本息的个人合法资产；

（四）个人信用良好；

（五）能够支付本办法规定的首期付款；

（六）贷款人要求的其他条件。

第十条　贷款人发放个人汽车贷款，应综合考虑以下因素，确定贷款金额、期限、利率和还本付息方式等贷款条件：

（一）贷款人对借款人的资信评级情况；

（二）贷款担保情况；

（三）所购汽车的性能及用途；

（四）汽车行业发展和汽车市场供求情况。

第十一条　贷款人应当建立借款人信贷档案。借款人信贷档案应载明以下内容：

（一）借款人姓名、住址、有效身份证明及有效联系方式；

（二）借款人的收入水平及资信状况证明；

（三）所购汽车的购车协议、汽车型号、发动机号、车架号、价格与购车用途；

（四）贷款的金额、期限、利率、还款方式和担保情况；

（五）贷款催收记录；

（六）防范贷款风险所需的其他资料。

第十二条　贷款人发放个人商用车贷款，除本办法第十一条规定的内容外，应在借款人信贷档案中增加商用车运营资格证年检情况、商用车折旧、保险情况等内容。

第三章　经销商汽车贷款

第十三条　本办法所称经销商汽车贷款，是指贷款人向汽车经销商发放的用于采购车辆和（或）零配件的贷款。

第十四条　借款人申请经销商汽车贷款，应当同时符合以下条件：

（一）具有工商行政主管部门核发的企业法人营业执照及年检证明；

（二）具有汽车生产商出具的代理销售汽车证明；

（三）资产负债率不超过80%；

（四）具有稳定的合法收入或足够偿还贷款本息的合法资产；

（五）经销商、经销商高级管理人员及经销商代为受理贷款申请

的客户无重大违约行为或信用不良记录;

(六) 贷款人要求的其他条件。

第十五条 贷款人应为每个经销商借款人建立独立的信贷档案,并及时更新。经销商信贷档案应载明以下内容:

(一) 经销商的名称、法定代表人及营业地址;

(二) 各类营业证照复印件;

(三) 经销商购买保险、商业信用及财务状况;

(四) 中国人民银行核发的贷款卡(号);

(五) 所购汽车及零部件的型号、价格及用途;

(六) 贷款担保状况;

(七) 防范贷款风险所需的其他资料。

第十六条 贷款人对经销商采购车辆和(或)零配件贷款的贷款金额应以经销商一段期间的平均存货为依据,具体期间应视经销商存货周转情况而定。

第十七条 贷款人应通过定期清点经销商汽车和(或)零配件存货、分析经销商财务报表等方式,定期对经销商进行信用审查,并视审查结果调整经销商资信级别和清点存货的频率。

第四章 机构汽车贷款

第十八条 本办法所称机构汽车贷款,是指贷款人对除经销商以外的法人、其他经济组织(以下简称机构借款人)发放的用于购买汽车的贷款。

第十九条 借款人申请机构汽车贷款,必须同时符合以下条件:

(一) 具有企业或事业单位登记管理机关核发的企业法人营业执照或事业单位法人证书等证明借款人具有法人资格的法定文件;

(二) 具有合法、稳定的收入或足够偿还贷款本息的合法资产;

(三) 能够支付本办法规定的首期付款;

(四) 无重大违约行为或信用不良记录;

(五) 贷款人要求的其他条件。

第二十条 贷款人应参照本办法第十五条之规定为每个机构借款人建立独立的信贷档案,加强信贷风险跟踪监测。

第二十一条 贷款人对从事汽车租赁业务的机构发放机构商用车贷款,应监测借款人对残值的估算方式,防范残值估计过高给贷款人带来的风险。

第五章 风险管理

第二十二条 贷款人发放自用车贷款的金额不得超过借款人所购汽车价格的80%;发放商用车贷款的金额不得超过借款人所购汽车价格的70%;发放二手车贷款的金额不得超过借款人所购汽车价格的50%。

前款所称汽车价格,对新车是指汽车实际成交价格(不含各类附加税、费及保费等)与汽车生产商公布的价格的较低者,对二手车是指汽车实际成交价格(不含各类附加税、费及保费等)与贷款人评估价格的较低者。

第二十三条 贷款人应建立借款人资信评级系统,审慎确定借款人的资信级别。对个人借款人,应根据其职业、收入状况、还款能力、信用记录等因素确定资信级别;对经销商及机构借款人,应根据其信贷档案所反映的情况、高级管理人员的资信情况、财务状况、信用记录等因素确定资信级别。

第二十四条 贷款人发放汽车贷款,应要求借款人提供所购汽车抵押或其他有效担保。

第二十五条 贷款人应直接或委托指定经销商受理汽车贷款申请,完善审贷分离制度,加强贷前审查和贷后跟踪催收工作。

第二十六条 贷款人应建立二手车市场信息数据库和二手车残值估算体系。

第二十七条 贷款人应根据贷款金额、贷款地区分布、借款人财务状况、汽车品牌、抵押担保等因素建立汽车贷款分类监控系统,对不同类别的汽车贷款风险进行定期检查、评估。根据检查评估结果,及时调整各类汽车贷款的风险级别。

第二十八条 贷款人应建立汽车贷款预警监测分析系统,制定预警标准;超过预警标准后应采取重新评价贷款审批制度等措施。

第二十九条 贷款人应建立不良贷款分类处理制度和审慎的贷款损失准备制度,计提相应的风险准备。

第三十条 贷款人发放抵押贷款,应审慎评估抵押物价值,充分考虑抵押物减值风险,设定抵押率上限。

第三十一条 贷款人应将汽车贷款的有关信息及时录入信贷登记咨询系统,并建立与其他贷款人的信息交流制度。

第六章 附 则

第三十二条 贷款人在从事汽车贷款业务时有违反本办法规定之行为的,中国银行业监督管理委员会及其派出机构有权依据《中华人民共和国银行业监督管理法》等法律规定对该贷款人及其相关人员进行处罚。中国人民银行及其分支机构可以建议中国银行业监督管理委员会及其派出机构对从事汽车贷款业务的贷款人违规行为进行监督检查。

第三十三条 贷款人对借款人发放的用于购买推土机、挖掘机、搅拌机、泵机等工程车辆的贷款,比照本办法执行。

第三十四条 本办法由中国人民银行和中国银行业监督管理委员会共同负责解释。

第三十五条 本办法自 2004 年 10 月 1 日起施行,中国人民银行 1998 年颁布的《汽车消费贷款管理办法》自本办法施行之日起废止。

储蓄管理条例

中华人民共和国国务院令

第 588 号

《国务院关于废止和修改部分行政法规的决定》已经 2010 年 12 月 29 日国务院第 138 次常务会议通过,现予公布,自公布之日起施行。

总理 温家宝

二〇一一年一月八日

(1992 年 12 月 11 日中华人民共和国国务院令第 107 号发布;根据 2010 年 12 月 29 日中华人民共和国国务院第 138 次常务会议通过的《国务院关于废止和修改部分行政法规的决定》修改)

第一章 总 则

第一条 为了发展储蓄事业,保护储户的合法权益,加强储蓄管理,制定本条例。

第二条 凡在中国境内办理储蓄业务的储蓄机构和参加储蓄的个

人，必须遵守本条例的规定。

第三条 本条例所称储蓄是指个人将属于其所有的人民币或者外币存入储蓄机构，储蓄机构开具存折或者存单作为凭证，个人凭存折或者存单可以支取存款本金和利息，储蓄机构依照规定支付存款本金和利息的活动。

任何单位和个人不得将公款以个人名义转为储蓄存款。

第四条 本条例所称储蓄机构是指经中国人民银行或其分支机构批准，各银行、信用合作社办理储蓄业务的机构，以及邮政企业依法办理储蓄业务的机构。

第五条 国家保护个人合法储蓄存款的所有权及其他合法权益，鼓励个人参加储蓄。

储蓄机构办理储蓄业务，必须遵循"存款自愿，取款自由，存款有息，为储户保密"的原则。

第六条 中国人民银行负责全国储蓄管理工作。

中国人民银行及其分支机构负责储蓄机构和储蓄业务的审批，协调、仲裁有关储蓄机构之间在储蓄业务方面的争议，监督、稽核储蓄机构的业务工作，纠正和处罚违反国家储蓄法律、法规和政策的行为。

第七条 中国人民银行经国务院批准，可以采取适当措施稳定储蓄，保护储户利益。

第八条 除储蓄机构外，任何单位和个人不得办理储蓄业务。

第二章 储蓄机构

第九条 储蓄机构的设置，应当遵循统一规划，方便群众，注重实效，确保安全的原则。

第十条 储蓄机构的设置，应当按照国家有关规定报中国人民银行或其分支机构批准，并申领《经营金融业务许可证》，但国家法律、行政法规另有规定的除外。

第十一条 储蓄机构的设置必须具备下列条件：

（一）有机构名称、组织机构和营业场所；

（二）熟悉储蓄业务的工作人员不少于四人；
（三）有必要的安全防范设备。

第十二条 经当地中国人民银行分支机构批准，储蓄机构可以设立储蓄代办点。储蓄代办点的管理办法，由中国人民银行规定。

第十三条 储蓄机构应当按照规定时间营业，不得擅自停业或者缩短营业时间。

第十四条 储蓄机构应当保证储蓄存款本金和利息的支付，不得违反规定拒绝支付储蓄存款本金和利息。

第十五条 储蓄机构不得使用不正当手段吸收储蓄存款。

第三章 储蓄业务

第十六条 储蓄机构可以办理下列人民币储蓄业务：
（一）活期储蓄存款；
（二）整存整取定期储蓄存款；
（三）零存整取定期储蓄存款；
（四）存本取息定期储蓄存款；
（五）整存零取定期储蓄存款；
（六）定活两便储蓄存款；
（七）华侨（人民币）整存整取定期储蓄存款；
（八）经中国人民银行批准开办的其他种类的储蓄存款。

第十七条 经外汇管理部门批准，储蓄机构可以办理下列外币储蓄业务：
（一）活期储蓄存款；
（二）整存整取定期储蓄存款；
（三）经中国人民银行批准开办的其他种类的外币储蓄存款。
办理外币储蓄业务，存款本金和利息应当用外币支付。

第十八条 储蓄机构办理定期储蓄存款时，根据储户的意愿，可以同时为储户办理定期储蓄存款到期自动转存业务。

第十九条 根据国家住房改革的有关政策和实际需要，经当地中国人民银行分支机构批准,储蓄机构可以办理个人住房储蓄业务。

第二十条 经中国人民银行或其分支机构批准,储蓄机构可以办理下列金融业务:

(一)发售和兑付以居民个人为发行对象的国库券、金融债券、企业债券等有价证券;

(二)个人定期储蓄存款存单小额抵押贷款业务;

(三)其他金融业务。

第二十一条 储蓄机构可以办理代发工资和代收房租、水电费等服务性业务。

第四章 储蓄存款利率和计息

第二十二条 储蓄存款利率由中国人民银行拟订,经国务院批准后公布,或者由国务院授权中国人民银行制定、公布。

第二十三条 储蓄机构必须挂牌公告储蓄存款利率,不得擅自变动。

第二十四条 未到期的定期储蓄存款,全部提前支取的,按支取日挂牌公告的活期储蓄存款利率计付利息;部分提前支取的,提前支取的部分按支取日挂牌公告的活期储蓄存款利率计付利息,其余部分到期时按存单开户日挂牌公告的定期储蓄存款利率计付利息。

第二十五条 逾期支取的定期储蓄存款,其超过原定存期的部分,除约定自动转存的外,按支取日挂牌公告的活期储蓄存款利率计付利息。

第二十六条 定期储蓄存款在存期内遇有利率调整,按存单开户日挂牌公告的相应的定期储蓄存款利率计付利息。

第二十七条 活期储蓄存款在存入期间遇有利率调整,按结息日挂牌公告的活期储蓄存款利率计付利息。全部支取活期储蓄存款,按清户日挂牌公告的活期储蓄存款利率计付利息。

第二十八条 储户认为储蓄存款利息支付有错误时,有权向经办的储蓄机构申请复核;经办的储蓄机构应当及时受理、复核。

第五章 提前支取、挂失、查询和过户

第二十九条 未到期的定期储蓄存款，储户提前支取的，必须持存单和存款人的身份证明办理；代储户支取的，代支取人还必须持其身份证明。

第三十条 存单、存折分为记名式和不记名式。记名式的存单、存折可以挂失，不记名式的存单、存折不能挂失。

第三十一条 储户遗失存单、存折或者预留印鉴的印章的，必须立即持本人身份证明，并提供储户的姓名、开户时间、储蓄种类、金额、帐号及住址等有关情况，向其开户的储蓄机构书面申请挂失。在特殊情况下，储户可以用口头或者函电形式申请挂失，但必须在五天内补办书面申请挂失手续。

储蓄机构受理挂失后，必须立即停止支付该储蓄存款；受理挂失前该储蓄存款已被他人支取的，储蓄机构不负赔偿责任。

第三十二条 储蓄机构及其工作人员对储户的储蓄情况负有保密责任。

储蓄机构不代任何单位和个人查询、冻结或者划拨储蓄存款，国家法律、行政法规另有规定的除外。

第三十三条 储蓄存款的所有权发生争议，涉及办理过户的，储蓄机构依据人民法院发生法律效力的判决书、裁定书或者调解书办理过户手续。

第六章 法律责任

第三十四条 违反本条例规定，有下列行为之一的单位和个人，由中国人民银行或其分支机构责令其纠正，并可以根据情节轻重处以罚款、停业整顿、吊销《经营金融业务许可证》；情节严重，构成犯罪的，依法追究刑事责任：

（一）擅自开办储蓄业务的；

（二）擅自设置储蓄机构的；

（三）储蓄机构擅自开办新的储蓄种类的；

（四）储蓄机构擅自办理本条例规定以外的其他金融业务的；

（五）擅自停业或者缩短营业时间的；

（六）储蓄机构采取不正当手段吸收储蓄存款的；

（七）违反国家利率规定，擅自变动储蓄存款利率的；

（八）泄露储户储蓄情况或者未经法定程序代为查询、冻结、划拨储蓄存款的；

（九）其他违反国家储蓄法律、法规和政策的。

违反本条例第三条第二款规定的，依照国家有关规定予以处罚。

第三十五条 对处罚决定不服的，当事人可以依照《中华人民共和国行政复议法》的规定申请复议。对复议决定不服的，当事人可以依照《中华人民共和国行政诉讼法》的规定向人民法院提起诉讼。

第三十六条 复议申请人逾期不起诉又不履行复议决定的，依照《中华人民共和国行政复议法》的规定执行。

第三十七条 储蓄机构违反国家有关规定，侵犯储户合法权益，造成损失的，应当依法承担赔偿责任。

第七章 附 则

第三十八条 本条例施行前的定期储蓄存款，在原定存期内，依照本条例施行前国家有关规定办理计息事宜。

第三十九条 本条例由中国人民银行负责解释，实施细则由中国人民银行制定。

第四十条 本条例自1993年3月1日起施行。1980年5月28日中国人民银行发布的《中国人民银行储蓄存款章程》同时废止。

非法金融机构和非法金融业务活动取缔办法

中华人民共和国国务院令

第 247 号

《非法金融机构和非法金融业务活动取缔办法》已经 1998 年 6 月 30 日国务院第 5 次常务会议通过,现予发布施行。

总理 朱镕基
一九九八年七月十三日

(1998 年 7 月 13 日国务院令第 247 号发布;根据 2010 年 12 月 29 日国务院第 138 次常务会议通过的《国务院关于废止和修改部分行政法规的决定》修改)

第一章 总 则

第一条 为了取缔非法金融机构和非法金融业务活动,维护金融秩序,保护社会公众利益,制定本办法。

第二条 任何非法金融机构和非法金融业务活动,必须予以取缔。

第三条 本办法所称非法金融机构,是指未经中国人民银行批准,擅自设立从事或者主要从事吸收存款、发放贷款、办理结算、票据贴现、资金拆借、信托投资、金融租赁、融资担保、外汇买卖等金融业务活动的机构。

非法金融机构的筹备组织,视为非法金融机构。

第四条 本办法所称非法金融业务活动,是指未经中国人民银行批准,擅自从事的下列活动:

(一)非法吸收公众存款或者变相吸收公众存款;

(二)未经依法批准,以任何名义向社会不特定对象进行的非法集资;

(三)非法发放贷款、办理结算、票据贴现、资金拆借、信托投资、金融租赁、融资担保、外汇买卖;

(四)中国人民银行认定的其他非法金融业务活动。

前款所称非法吸收公众存款,是指未经中国人民银行批准,向社会不特定对象吸收资金,出具凭证,承诺在一定期限内还本付息的活动;所称变相吸收公众存款,是指未经中国人民银行批准,不以吸收公众存款的名义,向社会不特定对象吸收资金,但承诺履行的义务与吸收公众存款性质相同的活动。

第五条 未经中国人民银行依法批准,任何单位和个人不得擅自设立金融机构或者擅自从事金融业务活动。

对非法金融机构和非法金融业务活动,工商行政管理机关不予办理登记。

对非法金融机构和非法金融业务活动,金融机构不予开立帐户、办理结算和提供贷款。

第六条 非法金融机构和非法金融业务活动由中国人民银行予以取缔。

非法金融机构设立地或者非法金融业务活动发生地的地方人民政府,负责组织、协调、监督与取缔有关的工作。

第七条 中国人民银行依法取缔非法金融机构和非法金融业务活

动,任何单位和个人不得干涉,不得拒绝、阻挠。

第八条 中国人民银行工作人员在履行取缔非法金融机构和非法金融业务活动的职责中,应当依法保守秘密。

第二章 取缔程序

第九条 对非法金融机构、非法吸收公众存款或者变相吸收公众存款以及非法集资,中国人民银行一经发现,应当立即调查、核实;经初步认定后,应当及时提请公安机关依法立案侦查。

第十条 在调查、侦查非法金融机构和非法金融业务活动的过程中,中国人民银行和公安机关应当互相配合。

第十一条 对非法金融机构和非法金融业务活动的犯罪嫌疑人、涉案资金和财产,由公安机关依法采取强制措施,防止犯罪嫌疑人逃跑和转移资金、财产。

第十二条 对非法金融机构和非法金融业务活动,经中国人民银行调查认定后,作出取缔决定,宣布该金融机构和金融业务活动为非法,责令停止一切业务活动,并予公告。

第十三条 中国人民银行发现金融机构为非法金融机构或者非法金融业务活动开立帐户、办理结算和提供贷款的,应当责令该金融机构立即停止有关业务活动。任何单位和个人不得擅自动用有关资金。

设立非法金融机构或者从事非法金融业务活动骗取工商行政管理机关登记的,一经发现,工商行政管理机关应当立即注销登记或者变更登记。

第十四条 中国人民银行对非法金融机构和非法金融业务活动进行调查时,被调查的单位和个人必须接受中国人民银行依法进行的调查,如实反映情况,提供有关资料,不得拒绝、隐瞒。

第十五条 中国人民银行调查非法金融机构和非法金融业务活动时,对与案件有关的情况和资料,可以采取记录、复制、录音等手段取得证据。

在证据可能灭失或者以后难以取得的情况下，中国人民银行可以依法先行登记保存，当事人或者有关人员不得销毁或者转移证据。

第三章　债权债务的清理清退

第十六条　因非法金融业务活动形成的债权债务，由从事非法金融业务活动的机构负责清理清退。

第十七条　非法金融机构一经中国人民银行宣布取缔，有批准部门、主管单位或者组建单位的，由批准部门、主管单位或者组建单位负责组织清理清退债权债务；没有批准部门、主管单位或者组建单位的，由所在地的地方人民政府负责组织清理清退债权债务。

第十八条　因参与非法金融业务活动受到的损失，由参与者自行承担。

第十九条　非法金融业务活动所形成的债务和风险，不得转嫁给未参与非法金融业务活动的国有银行和其他金融机构以及其他任何单位。

第二十条　债权债务清理清退后，有剩余非法财物的，予以没收，就地上缴中央金库。

第二十一条　因清理清退发生纠纷的，由当事人协商解决；协商不成的，通过司法程序解决。

第四章　罚　则

第二十二条　设立非法金融机构或者从事非法金融业务活动，构成犯罪的，依法追究刑事责任；尚不构成犯罪的，由中国人民银行没收非法所得，并处非法所得1倍以上5倍以下的罚款；没有非法所得的，处10万元以上50万元以下的罚款。

第二十三条　擅自批准设立非法金融机构或者擅自批准从事非法金融业务活动的，对直接负责的主管人员和其他直接责任人员依法给予行政处分；构成犯罪的，依法追究刑事责任。

第二十四条　金融机构违反规定，为非法金融机构或者非法金融业务活动开立帐户、办理结算或者提供贷款的，由中国人民银行责令改正，没收违法所得，并处违法所得1倍以上5倍以下的罚款；没有违法所得的，处10万元以上50万元以下的罚款；对直接负责的主管人员和其他直接责任人员依法给予纪律处分；构成犯罪的，依法追究刑事责任。

第二十五条　拒绝、阻碍中国人民银行依法执行职务，构成犯罪的，依法追究刑事责任；尚不构成犯罪的，由公安机关依法给予治安管理处罚。

第二十六条　中国人民银行工作人员在履行取缔非法金融机构和非法金融业务活动的职责中泄露秘密的，依法给予行政处分；构成犯罪的，依法追究刑事责任。

第二十七条　中国人民银行、公安机关和工商行政管理机关工作人员玩忽职守、滥用职权、徇私舞弊，构成犯罪的，依法追究刑事责任；尚不构成犯罪的，依法给予行政处分。

中国人民银行工作人员对非法金融机构和非法金融业务活动案件，应当移交公安机关而不移交，构成犯罪的，依法追究刑事责任；尚不构成犯罪的，依法给予行政处分。

第五章　附　则

第二十八条　取缔非法证券机构和非法证券业务活动参照本办法执行，由中国证券监督管理委员会负责实施，并可以根据本办法的原则制定具体实施办法。

取缔非法商业保险机构和非法商业保险业务活动参照本办法执行，由国务院商业保险监督管理部门负责实施，并可以根据本办法的原则制定具体实施办法。

第二十九条 本办法施行前设立的各类基金会、互助会、储金会、资金服务部、股金服务部、结算中心、投资公司等机构，超越国家政策范围，从事非法金融业务活动的，应当按照国务院的规定，限期清理整顿。超过规定期限继续从事非法金融业务活动的，依照本办法予以取缔；情节严重，构成犯罪的，依法追究刑事责任。

第三十条 本办法自发布之日起施行。

中华人民共和国人民币管理条例

中华人民共和国国务院令
第 280 号

《中华人民共和国人民币管理条例》已经 1999 年 12 月 28 日国务院第 24 次常务会议通过,现予发布,自 2000 年 5 月 1 日起施行。

总理　朱镕基
二〇〇〇年二月三日

(1999 年 12 月 28 日国务院第 24 次常务会议通过;根据 2014 年 7 月 9 日国务院第 54 次常务会议通过的《国务院关于修改部分行政法规的决定》修改)

第一章　总　则

第一条　为了加强对人民币的管理,维护人民币的信誉,稳定金融秩序,根据《中华人民共和国中国人民银行法》,制定本条例。

第二条　本条例所称人民币,是指中国人民银行依法发行的货币,包括纸币和硬币。

从事人民币的设计、印制、发行、流通和回收等活动,应当遵守本条例。

第三条 中华人民共和国的法定货币是人民币。以人民币支付中华人民共和国境内的一切公共的和私人的债务,任何单位和个人不得拒收。

第四条 人民币的单位为元,人民币辅币单位为角、分。1元等于10角,1角等于10分。

人民币依其面额支付。

第五条 中国人民银行是国家管理人民币的主管机关,负责本条例的组织实施。

第六条 任何单位和个人都应当爱护人民币。禁止损害人民币和妨碍人民币流通。

第二章 设计和印制

第七条 新版人民币由中国人民银行组织设计,报国务院批准。

第八条 人民币由中国人民银行指定的专门企业印制。

第九条 印制人民币的企业应当按照中国人民银行制定的人民币质量标准和印制计划印制人民币。

第十条 印制人民币的企业应当将合格的人民币产品全部解缴中国人民银行人民币发行库,将不合格的人民币产品按照中国人民银行的规定全部销毁。

第十一条 印制人民币的原版、原模使用完毕后,由中国人民银行封存。

第十二条 印制人民币的特殊材料、技术、工艺、专用设备等重要事项属于国家秘密。印制人民币的企业和有关人员应当保守国家秘密;未经中国人民银行批准,任何单位和个人不得对外提供。

第十三条 除中国人民银行指定的印制人民币的企业外,任何单位和个人不得研制、仿制、引进、销售、购买和使用印制人民币所特有的防伪材料、防伪技术、防伪工艺和专用设备。有关管理办法由中国人民银行另行制定。

第十四条　人民币样币是检验人民币印制质量和鉴别人民币真伪的标准样本，由印制人民币的企业按照中国人民银行的规定印制。人民币样币上应当加印"样币"字样。

第三章　发行和回收

第十五条　人民币由中国人民银行统一发行。

第十六条　中国人民银行发行新版人民币，应当报国务院批准。

中国人民银行应当将新版人民币的发行时间、面额、图案、式样、规格、主色调、主要特征等予以公告。

中国人民银行不得在新版人民币发行公告发布前将新版人民币支付给金融机构。

第十七条　因防伪或者其他原因，需要改变人民币的印制材料、技术或者工艺的，由中国人民银行决定。

中国人民银行应当将改版后的人民币的发行时间、面额、主要特征等予以公告。

中国人民银行不得在改版人民币发行公告发布前将改版人民币支付给金融机构。

第十八条　中国人民银行可以根据需要发行纪念币。

纪念币是具有特定主题的限量发行的人民币，包括普通纪念币和贵金属纪念币。

第十九条　纪念币的主题、面额、图案、材质、式样、规格、发行数量、发行时间等由中国人民银行确定；但是，纪念币的主题涉及重大政治、历史题材的，应当报国务院批准。

中国人民银行应当将纪念币的主题、面额、图案、材质、式样、规格、发行数量、发行时间等予以公告。

中国人民银行不得在纪念币发行公告发布前将纪念币支付给金融机构。

第二十条　中国人民银行设立人民币发行库，在其分支机构设立分支库，负责保管人民币发行基金。各级人民币发行库主任由同级中国人民银行行长担任。

人民币发行基金是中国人民银行人民币发行库保存的未进入流通的人民币。

人民币发行基金的调拨，应当按照中国人民银行的规定办理。任何单位和个人不得违反规定动用人民币发行基金，不得干扰、阻碍人民币发行基金的调拨。

第二十一条 特定版别的人民币的停止流通，应当报国务院批准，并由中国人民银行公告。

办理人民币存取款业务的金融机构应当按照中国人民银行的规定，收兑停止流通的人民币，并将其交存当地中国人民银行。

中国人民银行不得将停止流通的人民币支付给金融机构，金融机构不得将停止流通的人民币对外支付。

第二十二条 办理人民币存取款业务的金融机构应当按照中国人民银行的规定，无偿为公众兑换残缺、污损的人民币，挑剔残缺、污损的人民币，并将其交存当地中国人民银行。

中国人民银行不得将残缺、污损的人民币支付给金融机构，金融机构不得将残缺、污损的人民币对外支付。

第二十三条 停止流通的人民币和残缺、污损的人民币，由中国人民银行负责回收、销毁。具体办法由中国人民银行制定。

第四章　流通和保护

第二十四条 办理人民币存取款业务的金融机构应当根据合理需要的原则，办理人民币券别调剂业务。

第二十五条 禁止非法买卖流通人民币。

纪念币的买卖，应当遵守中国人民银行的有关规定。

第二十六条 装帧流通人民币和经营流通人民币，应当经中国人民银行批准。

第二十七条 禁止下列损害人民币的行为：

（一）故意毁损人民币；

（二）制作、仿制、买卖人民币图样；

（三）未经中国人民银行批准，在宣传品、出版物或者其他商品上使用人民币图样；

（四）中国人民银行规定的其他损害人民币的行为。

前款人民币图样包括放大、缩小和同样大小的人民币图样。

第二十八条　人民币样币禁止流通。

人民币样币的管理办法，由中国人民银行制定。

第二十九条　任何单位和个人不得印制、发售代币票券，以代替人民币在市场上流通。

第三十条　中国公民出入境、外国人入出境携带人民币实行限额管理制度，具体限额由中国人民银行规定。

第三十一条　禁止伪造、变造人民币。禁止出售、购买伪造、变造的人民币。

禁止走私、运输、持有、使用伪造、变造的人民币。

第三十二条　单位和个人持有伪造、变造的人民币的，应当及时上交中国人民银行、公安机关或者办理人民币存取款业务的金融机构；发现他人持有伪造、变造的人民币的，应当立即向公安机关报告。

第三十三条　中国人民银行、公安机关发现伪造、变造的人民币，应当予以没收，加盖"假币"字样的戳记，并登记造册；持有人对公安机关没收的人民币的真伪有异议的，可以向中国人民银行申请鉴定。

公安机关应当将没收的伪造、变造的人民币解缴当地中国人民银行。

第三十四条　办理人民币存取款业务的金融机构发现伪造、变造的人民币，数量较多、有新版的伪造人民币或者有其他制造贩卖伪造、变造的人民币线索的，应当立即报告公安机关；数量较少的，由该金融机构两名以上工作人员当面予以收缴，加盖"假币"字样的戳记，登记造册，向持有人出具中国人民银行统一印制的收缴凭证，并告知持有人可以向中国人民银行或者向中国人民银行授权的国有独资商业银行的业务机构申请鉴定。对伪造、变造的人民币收缴及鉴定的具体办法，由中国人民银行制定。

办理人民币存取款业务的金融机构应当将收缴的伪造、变造的人民币解缴当地中国人民银行。

第三十五条 中国人民银行和中国人民银行授权的国有独资商业银行的业务机构应当无偿提供鉴定人民币真伪的服务。

对盖有"假币"字样戳记的人民币,经鉴定为真币的,由中国人民银行或者中国人民银行授权的国有独资商业银行的业务机构按照面额予以兑换;经鉴定为假币的,由中国人民银行或者中国人民银行授权的国有独资商业银行的业务机构予以没收。

中国人民银行授权的国有独资商业银行的业务机构应当将没收的伪造、变造的人民币解缴当地中国人民银行。

第三十六条 办理人民币存取款业务的金融机构应当采取有效措施,防止以伪造、变造的人民币对外支付。

办理人民币存取款业务的金融机构应当在营业场所无偿提供鉴别人民币真伪的服务。

第三十七条 伪造、变造的人民币由中国人民银行统一销毁。

第三十八条 人民币反假鉴别仪应当按照国家规定标准生产。

人民币反假鉴别仪国家标准,由中国人民银行会同有关部门制定,并协助组织实施。

第三十九条 人民币有下列情形之一的,不得流通:

(一)不能兑换的残缺、污损的人民币;

(二)停止流通的人民币。

第五章 罚 则

第四十条 印制人民币的企业和有关人员有下列情形之一的,由中国人民银行给予警告,没收违法所得,并处违法所得 1 倍以上 3 倍以下的罚款,没有违法所得的,处 1 万元以上 10 万元以下的罚款;对直接负责的主管人员和其他直接责任人员,依法给予纪律处分:

(一)未按照中国人民银行制定的人民币质量标准和印制计划印制人民币的;

（二）未将合格的人民币产品全部解缴中国人民银行人民币发行库的；

（三）未按照中国人民银行的规定将不合格的人民币产品全部销毁的；

（四）未经中国人民银行批准，擅自对外提供印制人民币的特殊材料、技术、工艺或者专用设备等国家秘密的。

第四十一条 违反本条例第十三条规定的，由工商行政管理机关和其他有关行政执法机关给予警告，没收违法所得和非法财物，并处违法所得 1 倍以上 3 倍以下的罚款；没有违法所得的，处 2 万元以上 20 万元以下的罚款。

第四十二条 办理人民币存取款业务的金融机构违反本条例第二十一条第二款、第三款和第二十二条规定的，由中国人民银行给予警告，并处 1000 元以上 5000 元以下的罚款；对直接负责的主管人员和其他直接责任人员，依法给予纪律处分。

第四十三条 故意毁损人民币的，由公安机关给予警告，并处 1 万元以下的罚款。

第四十四条 违反本条例第二十五条、第二十六条、第二十七条第一款第二项和第四项规定的，由工商行政管理机关和其他有关行政执法机关给予警告，没收违法所得和非法财物，并处违法所得 1 倍以上 3 倍以下的罚款；没有违法所得的，处 1000 元以上 5 万元以下的罚款。

工商行政管理机关和其他有关行政执法机关应当销毁非法使用的人民币图样。

第四十五条 办理人民币存取款业务的金融机构、中国人民银行授权的国有独资商业银行的业务机构违反本条例第三十四条、第三十五条和第三十六条规定的，由中国人民银行给予警告，并处 1000 元以上 5 万元以下的罚款；对直接负责的主管人员和其他直接责任人员，依法给予纪律处分。

第四十六条 中国人民银行、公安机关、工商行政管理机关及其工作人员违反本条例有关规定的，对直接负责的主管人员和其他直接责任人员,依法给予行政处分。

第四十七条 违反本条例第二十条第三款、第二十七条第一款第三项、第二十九条和第三十一条规定的,依照《中华人民共和国中国人民银行法》的有关规定予以处罚;其中,违反本条例第三十一条规定,构成犯罪的,依法追究刑事责任。

第六章 附 则

第四十八条 本条例自 2000 年 5 月 1 日起施行。

附 录

中国人民银行残缺污损人民币兑换办法

中国人民银行令
2003 第 7 号

根据《中华人民共和国中国人民银行法》和《中华人民共和国人民币管理条例》，中国人民银行制定了《中国人民银行残缺污损人民币兑换办法》，经 2003 年 12 月 15 日第 20 次行长办公会议通过，现予公布，自 2004 年 2 月 1 日起施行。

中国人民银行行长
二〇〇三年十二月二十四日

第一条 为维护人民币信誉，保护国家财产安全和人民币持有人的合法权益，确保人民币正常流通，根据《中华人民共和国中国人民银行法》和《中华人民共和国人民币管理条例》，制定本办法。

第二条 本办法所称残缺、污损人民币是指票面撕裂、损缺，或因自然磨损、侵蚀，外观、质地受损，颜色变化，图案不清晰，防伪特征受损，不宜再继续流通使用的人民币。

第三条 凡办理人民币存取款业务的金融机构（以下简称金融机构）应无偿为公众兑换残缺、污损人民币，不得拒绝兑换。

第四条 残缺、污损人民币兑换分"全额"、"半额"两种情况。

（一）能辨别面额，票面剩余四分之三（含四分之三）以上，其图案、文字能按原样连接的残缺、污损人民币，金融机构应向持有人按原面额全额兑换。

（二）能辨别面额，票面剩余二分之一（含二分之一）至四分之三以下，其图案、文字能按原样连接的残缺、污损人民币，金融机构应向持有人按原面额的一半兑换。

纸币呈正十字形缺少四分之一的，按原面额的一半兑换。

第五条 兑付额不足一分的，不予兑换；五分按半额兑换的，兑付二分。

第六条 金融机构在办理残缺、污损人民币兑换业务时，应向残缺、污损人民币持有人说明认定的兑换结果。不予兑换的残缺、污损人民币，应退回原持有人。

第七条 残缺、污损人民币持有人同意金融机构认定结果的，对兑换的残缺、污损人民币纸币，金融机构应当面将带有本行行名的"全额"或"半额"戳记加盖在票面上；对兑换的残缺、污损人民币硬币，金融机构应当面使用专用袋密封保管，并在袋外封签上加盖"兑换"戳记。

第八条 残缺、污损人民币持有人对金融机构认定的兑换结果有异议的，经持有人要求，金融机构应出具认定证明并退回该残缺、污损人民币。

持有人可凭认定证明到中国人民银行分支机构申请鉴定，中国人民银行应自申请日起5个工作日内做出鉴定并出具鉴定书。持有人可持中国人民银行的鉴定书及可兑换的残缺、污损人民币到金融机构进行兑换。

第九条 金融机构应按照中国人民银行的有关规定，将兑换的残缺、污损人民币交存当地中国人民银行分支机构。

第十条 中国人民银行依照本办法对残缺、污损人民币的兑换工作实施监督管理。

第十一条 违反本办法第三条规定的金融机构,由中国人民银行根据《中华人民共和国人民币管理条例》第四十二条规定,依法进行处罚。

第十二条 本办法自 2004 年 2 月 1 日起施行。1955 年 5 月 8 日中国人民银行发布的《残缺人民币兑换办法》同时废止。

中国人民银行假币收缴、鉴定管理办法

中国人民银行令
2003 第 4 号

根据《全国人民代表大会常务委员会关于惩治破坏金融秩序犯罪的决定》和《中华人民共和国人民币管理条例》等法律法规的规定，中国人民银行制定了《中国人民银行假币收缴、鉴定管理办法》，经 2002 年 12 月 3 日第 43 次行长办公会议通过，现予公布，自 2003 年 7 月 1 日起施行。

中国人民银行行长
二〇〇三年四月九日

第一章 总 则

第一条 为规范对假币的收缴、鉴定行为，保护货币持有人的合法权益，根据《全国人民代表大会常务委员会关于惩治破坏金融秩序犯罪的决定》和《中华人民共和国人民币管理条例》制定本办法。

第二条 办理货币存取款和外币兑换业务的金融机构收缴假币、中国人民银行及其授权的鉴定机构鉴定货币真伪适用本办法。

第三条 本办法所称货币是指人民币和外币。人民币是指中国人民银行依法发行的货币，包括纸币和硬币；外币是指在我国境内（香港特别行政区、澳门特别行政区及台湾地区除外）可收兑的其他国家或地区的法定货币。

本办法所称假币是指伪造、变造的货币。

伪造的货币是指仿照真币的图案、形状、色彩等，采用各种手段制作的假币。

变造的货币是指在真币的基础上，利用挖补、揭层、涂改、拼凑、移位、重印等多种方法制作，改变真币原形态的假币。

本办法所称办理货币存取款和外币兑换业务的金融机构（以下简称"金融机构"）是指商业银行、城乡信用社、邮政储蓄的业务机构。

本办法所称中国人民银行授权的鉴定机构，是指具有货币真伪鉴定技术与条件，并经中国人民银行授权的商业银行业务机构。

第四条 金融机构收缴的假币，每季末解缴中国人民银行当地分支行，由中国人民银行统一销毁，任何部门不得自行处理。

第五条 中国人民银行及其分支机构依照本办法对假币收缴、鉴定实施监督管理。

第二章 假币的收缴

第六条 金融机构在办理业务时发现假币，由该金融机构两名以上业务人员当面予以收缴。对假人民币纸币，应当面加盖"假币"字样的戳记；对假外币纸币及各种假硬币，应当面以统一格式的专用袋加封，封口处加盖"假币"字样戳记，并在专用袋上标明币种、券别、面额、张（枚）数、冠字号码、收缴人、复核人名章等细项。收缴假币的金融机构（以下简称"收缴单位"）向持有人出具中国人民银行统一印制的《假币收缴凭证》，并告知持有人如对被收缴的货币真伪有异议，可向中国人民银行当地分支机构或中国人民银行授权的当地鉴定机构申请鉴定。收缴的假币，不得再交予持有人。

第七条 金融机构在收缴假币过程中有下列情形之一的，应当立即报告当地公安机关，提供有关线索：
（一）一次性发现假人民币20张（枚）（含20张、枚）以上、假外币10张（含10张、枚）以上的；
（二）属于利用新的造假手段制造假币的；
（三）有制造贩卖假币线索的；
（四）持有人不配合金融机构收缴行为的。

第八条 办理假币收缴业务的人员，应当取得《反假货币上岗资格证书》。《反假货币上岗资格证书》由中国人民银行印制。中国人民银行各分行、营业管理部、省会（首府）城市中心支行负责对所在省（自治区、直辖市）金融机构有关业务人员进行培训、考试和颁发《反假货币上岗资格证书》。

第九条 金融机构对收缴的假币实物进行单独管理，并建立假币收缴代保管登记簿。

第三章 假币的鉴定

第十条 持有人对被收缴货币的真伪有异议，可以自收缴之日起3个工作日内，持《假币收缴凭证》直接或通过收缴单位向中国人民银行当地分支机构或中国人民银行授权的当地鉴定机构提出书面鉴定申请。

中国人民银行分支机构和中国人民银行授权的鉴定机构应当无偿提供鉴定货币真伪的服务，鉴定后应出具中国人民银行统一印制的《货币真伪鉴定书》，并加盖货币鉴定专用章和鉴定人名章。

中国人民银行授权的鉴定机构，应当在营业场所公示授权证书。

第十一条 中国人民银行分支机构和中国人民银行授权的鉴定机构应当自收到鉴定申请之日起2个工作日内，通知收缴单位报送需要鉴定的货币。

收缴单位应当自收到鉴定单位通知之日起2个工作日内，将需要鉴定的货币送达鉴定单位。

第十二条 中国人民银行分支机构和中国人民银行授权的鉴定机构应当自受理鉴定之日起 15 个工作日内,出具《货币真伪鉴定书》。因情况复杂不能在规定期限内完成的,可延长至 30 个工作日,但必须以书面形式向申请人或申请单位说明原因。

第十三条 对盖有"假币"字样戳记的人民币纸币,经鉴定为真币的,由鉴定单位交收缴单位按照面额兑换完整券退还持有人,收回持有人的《假币收缴凭证》,盖有"假币"戳记的人民币按损伤人民币处理;经鉴定为假币的,由鉴定单位予以没收,并向收缴单位和持有人开具《货币真伪鉴定书》和《假币没收收据》。

对收缴的外币纸币和各种硬币,经鉴定为真币的,由鉴定单位交收缴单位退还持有人,并收回《假币收缴凭证》;经鉴定为假币的,由鉴定单位将假币退回收缴单位依法收缴,并向收缴单位和持有人出具《货币真伪鉴定书》。

第十四条 中国人民银行分支机构和中国人民银行授权的鉴定机构鉴定货币真伪时,应当至少有两名鉴定人员同时参与,并做出鉴定结论。

第十五条 中国人民银行各分支机构在复点清分金融机构解缴的回笼款时发现假人民币,应经鉴定后予以没收,向解缴单位开具《假币没收收据》,并要求其补足等额人民币回笼款。

第十六条 持有人对金融机构作出的有关收缴或鉴定假币的具体行政行为有异议,可在收到《假币收缴凭证》或《货币真伪鉴定书》之日起 60 个工作日内向直接监管该金融机构的中国人民银行分支机构申请行政复议,或依法提起行政诉讼。

持有人对中国人民银行分支机构作出的有关鉴定假币的具体行政行为有异议,可在收到《货币真伪鉴定书》之日起 60 个工作日内向其上一级机构申请行政复议,或依法提起行政诉讼。

第四章 罚 则

第十七条 金融机构有下列行为之一,但尚未构成犯罪的,由中国人民银行给予警告、罚款,同时,责成金融机构对相关主管人员和其他直接责任人给予相应纪律处分：

（一）发现假币而不收缴的；

（二）未按照本办法规定程序收缴假币的；

（三）应向人民银行和公安机关报告而不报告的；

（四）截留或私自处理收缴的假币，或使已收缴的假币重新流入市场的。

上述行为涉及假人民币的，对金融机构处以1000元以上5万元以下罚款；涉及假外币的，对金融机构处以1000元以下的罚款。

第十八条　中国人民银行授权的鉴定机构有下列行为之一，但尚未构成犯罪的，由中国人民银行给予警告、罚款，同时责成金融机构对相关主管人员和其他直接责任人给予相应纪律处分：

（一）拒绝受理持有人、金融机构提出的货币真伪鉴定申请的；

（二）未按照本办法规定程序鉴定假币的；

（三）截留或私自处理鉴定、收缴的假币，或使已收缴、没收的假币重新流入市场的。

上述行为涉及假人民币的，对授权的鉴定机构处以1000元以上5万元以下罚款；涉及假外币的，对授权的鉴定机构处以1000元以下的罚款。

第十九条　中国人民银行工作人员有下列行为之一，但尚未构成犯罪的，对直接负责的主管人员和其他直接责任人员，依法给予行政处分：

（一）未按照本办法规定程序鉴定假币的；

（二）拒绝受理持有人、金融机构、授权的鉴定机构提出的货币真伪鉴定或再鉴定申请的；

（三）截留或私自处理鉴定、收缴、没收的假币，或使已收缴、没收的假币重新流入市场的。

第五章　附　则

第二十条　本办法自2003年7月1日起施行。

第二十一条　本办法由中国人民银行负责解释。

全国普法学习读本

金融证券法律法规读本
证券综合法律法规

曾朝 主编

加大全民普法力度，建设社会主义法治文化，树立宪法法律至上、法律面前人人平等的法治理念。

——中国共产党第十九次全国代表大会《决胜全面建成小康社会 夺取新时代中国特色社会主义伟大胜利》

汕头大学出版社

图书在版编目（CIP）数据

证券综合法律法规/曾朝主编. -- 汕头：汕头大学出版社，2023.4（重印）

（金融证券法律法规读本）

ISBN 978-7-5658-3322-9

Ⅰ.①证… Ⅱ.①曾… Ⅲ.①证券法-中国-学习参考资料 Ⅳ.①D922.287.4

中国版本图书馆 CIP 数据核字（2018）第 000744 号

证券综合法律法规　ZHENGQUAN ZONGHE FALÜ FAGUI

主　　编：	曾　朝
责任编辑：	邹　峰
责任技编：	黄东生
封面设计：	大华文苑
出版发行：	汕头大学出版社
	广东省汕头市大学路 243 号汕头大学校园内　邮政编码：515063
电　　话：	0754-82904613
印　　刷：	三河市元兴印务有限公司
开　　本：	690mm×960mm 1/16
印　　张：	18
字　　数：	226 千字
版　　次：	2018 年 1 月第 1 版
印　　次：	2023 年 4 月第 2 次印刷
定　　价：	59.60 元（全 2 册）

ISBN 978-7-5658-3322-9

版权所有，翻版必究

如发现印装质量问题，请与承印厂联系退换

前　言

习近平总书记指出："推进全民守法，必须着力增强全民法治观念。要坚持把全民普法和守法作为依法治国的长期基础性工作，采取有力措施加强法制宣传教育。要坚持法治教育从娃娃抓起，把法治教育纳入国民教育体系和精神文明创建内容，由易到难、循序渐进不断增强青少年的规则意识。要健全公民和组织守法信用记录，完善守法诚信褒奖机制和违法失信行为惩戒机制，形成守法光荣、违法可耻的社会氛围，使遵法守法成为全体人民共同追求和自觉行动。"

中共中央、国务院曾经转发了中央宣传部、司法部关于在公民中开展法治宣传教育的规划，并发出通知，要求各地区各部门结合实际认真贯彻执行。通知指出，全民普法和守法是依法治国的长期基础性工作。深入开展法治宣传教育，是全面建成小康社会和新农村的重要保障。

普法规划指出：各地区各部门要根据实际需要，从不同群体的特点出发，因地制宜开展有特色的法治宣传教育坚持集中法治宣传教育与经常性法治宣传教育相结合，深化法律进机关、进乡村、进社区、进学校、进企业、进单位的"法律六进"主题活动，完善工作标准，建立长效机制。

特别是农业、农村和农民问题，始终是关系党和人民事业发展的全局性和根本性问题。党中央、国务院发布的《关于推进社会主义新农村建设的若干意见》中明确提出要"加强农村法制建设，深入开展农村普法教育，增强农民的法制观念，提高农民依法行使权利和履行义务的自觉性。"多年普法实践证明，普及法律知识，提高法制观念，增强全社会依法办事意识具有重要作用。特别是在广大农村进行普法教育，是提高全民法律素质的需要。

多年来，我国在农村实行的改革开放取得了极大成功，农村发生了翻天覆地的变化，广大农民生活水平大大得到了提高。但是，由于历史和社会等原因，现阶段我国一些地区农民文化素质还不高，不学法、不懂法、不守法现象虽然较原来有所改变，但仍有相当一部分群众的法制观念仍很淡化，不懂、不愿借助法律来保护自身权益，这就极易受到不法的侵害，或极易进行违法犯罪活动，严重阻碍了全面建成小康社会和新农村步伐。

为此，根据党和政府的指示精神以及普法规划，特别是根据广大农村农民的现状，在有关部门和专家的指导下，特别编辑了这套《全国普法学习读本》。主要包括了广大人民群众应知应懂、实际实用的法律法规。为了辅导学习，附录还收入了相应法律法规的条例准则、实施细则、解读解答、案例分析等；同时为了突出法律法规的实际实用特点，兼顾地方性和特殊性，附录还收入了部分某些地方性法律法规以及非法律法规的政策文件、管理制度、应用表格等内容，拓展了本书的知识范围，使法律法规更"接地气"，便于读者学习掌握和实际应用。

在众多法律法规中，我们通过甄别，淘汰了废止的，精选了最新的、权威的和全面的。但有部分法律法规有些条款不适应当下情况了，却没有颁布新的，我们又不能擅自改动，只得保留原有条款，但附录却有相应的补充修改意见或通知等。众多法律法规根据不同内容和受众特点，经过归类组合，优化配套。整套普法读本非常全面系统，具有很强的学习性、实用性和指导性，非常适合用于广大农村和城乡普法学习教育与实践指导。总之，是全国全民普法的良好读本。

目 录

中华人民共和国证券法

第一章　总　则 …………………………………………………（2）
第二章　证券发行 ………………………………………………（3）
第三章　证券交易 ………………………………………………（9）
第四章　上市公司的收购 ………………………………………（19）
第五章　证券交易所 ……………………………………………（22）
第六章　证券公司 ………………………………………………（25）
第七章　证券登记结算机构 ……………………………………（31）
第八章　证券服务机构 …………………………………………（34）
第九章　证券业协会 ……………………………………………（35）
第十章　证券监督管理机构 ……………………………………（36）
第十一章　法律责任 ……………………………………………（38）
第十二章　附　则 ………………………………………………（48）
附　录
　证券市场禁入规定 ……………………………………………（49）
　关于清理整顿违法从事证券业务活动的意见 ………………（54）
　最高人民法院　中国证券监督管理委员会关于试点法院
　　通过网络查询、冻结被执行人证券有关事项的通知 ……（56）
　中国人民银行　国家外汇管理局关于人民币合格境外机构
　　投资者境内证券投资管理有关问题的通知 ………………（60）
　证券期货投资者适当性管理办法 ……………………………（67）
　关于证券行业准备金支出企业所得税税前扣除有关
　　政策问题的通知 ……………………………………………（78）

证券发行与承销管理办法

第一章　总　　则 ……………………………………（81）
第二章　定价与配售 …………………………………（82）
第三章　证券承销 ……………………………………（88）
第四章　信息披露 ……………………………………（89）
第五章　监管和处罚 …………………………………（92）
第六章　附　　则 ……………………………………（94）

证券公司和证券投资基金管理公司合规管理办法

第一章　总　　则 ……………………………………（95）
第二章　合规管理职责 ………………………………（96）
第三章　合规管理保障 ………………………………（100）
第四章　监督管理与法律责任 ………………………（103）
第五章　附　　则 ……………………………………（105）

证券投资者保护基金管理办法

第一章　总　　则 ……………………………………（106）
第二章　基金公司职责和组织机构 …………………（107）
第三章　基金筹集 ……………………………………（108）
第四章　基金使用 ……………………………………（110）
第五章　管理和监督 …………………………………（110）
第六章　附　　则 ……………………………………（111）

证券公司风险控制指标管理办法

第一章　总　　则 ……………………………………（114）
第二章　净资本及其计算 ……………………………（116）
第三章　风险控制指标标准 …………………………（117）

第四章 编制和披露 …………………………………… （118）
第五章 监督管理 ……………………………………… （119）
第六章 附　则 ………………………………………… （121）

证券公司融资融券业务管理办法

第一章 总　则 ………………………………………… （123）
第二章 业务许可 ……………………………………… （124）
第三章 业务规则 ……………………………………… （126）
第四章 债权担保 ……………………………………… （130）
第五章 权益处理 ……………………………………… （131）
第六章 监督管理 ……………………………………… （132）
第七章 附　则 ………………………………………… （135）

中华人民共和国证券法

中华人民共和国主席令
第十四号

《全国人民代表大会常务委员会关于修改〈中华人民共和国保险法〉等五部法律的决定》已由中华人民共和国第十二届全国人民代表大会常务委员会第十次会议于2014年8月31日通过，现予公布，自公布之日起施行。

中华人民共和国主席　习近平
2014年8月31日

（1998年12月29日第九届全国人民代表大会常务委员会第六次会议通过；根据2004年8月28日第十届全国人民代表大会常务委员会第十一次会议《关于修改〈中华人民共和国证券法〉的决定》第一次修正；根据2005年10月27日第十届全国人民代表大会常务委员会第十八次会议第二次修正；根据2013年6月29日第十二届全国人民代表大会常务委员会第三次会议《关于修改〈中华人民共和国文物保护法〉等十二部法律的决定》第三次修正；

根据2014年8月31日第十二届全国人民代表大会常务委员会第十次会议《关于修改〈中华人民共和国保险法〉等五部法律的决定》第四次修正)

第一章 总 则

第一条 为了规范证券发行和交易行为,保护投资者的合法权益,维护社会经济秩序和社会公共利益,促进社会主义市场经济的发展,制定本法。

第二条 在中华人民共和国境内,股票、公司债券和国务院依法认定的其他证券的发行和交易,适用本法;本法未规定的,适用《中华人民共和国公司法》和其他法律、行政法规的规定。

政府债券、证券投资基金份额的上市交易,适用本法;其他法律、行政法规另有规定的,适用其规定。

证券衍生品种发行、交易的管理办法,由国务院依照本法的原则规定。

第三条 证券的发行、交易活动,必须实行公开、公平、公正的原则。

第四条 证券发行、交易活动的当事人具有平等的法律地位,应当遵守自愿、有偿、诚实信用的原则。

第五条 证券的发行、交易活动,必须遵守法律、行政法规;禁止欺诈、内幕交易和操纵证券市场的行为。

第六条 证券业和银行业、信托业、保险业实行分业经营、分业管理,证券公司与银行、信托、保险业务机构分别设立。国家另有规定的除外。

第七条 国务院证券监督管理机构依法对全国证券市场实行集中统一监督管理。

国务院证券监督管理机构根据需要可以设立派出机构,按照授权履行监督管理职责。

第八条 在国家对证券发行、交易活动实行集中统一监督管理的前提下,依法设立证券业协会,实行自律性管理。

第九条 国家审计机关依法对证券交易所、证券公司、证券登记结算机构、证券监督管理机构进行审计监督。

第二章 证券发行

第十条 公开发行证券,必须符合法律、行政法规规定的条件,并依法报经国务院证券监督管理机构或者国务院授权的部门核准;未经依法核准,任何单位和个人不得公开发行证券。

有下列情形之一的,为公开发行:

(一)向不特定对象发行证券的;

(二)向特定对象发行证券累计超过二百人的;

(三)法律、行政法规规定的其他发行行为。

非公开发行证券,不得采用广告、公开劝诱和变相公开方式。

第十一条 发行人申请公开发行股票、可转换为股票的公司债券,依法采取承销方式的,或者公开发行法律、行政法规规定实行保荐制度的其他证券的,应当聘请具有保荐资格的机构担任保荐人。

保荐人应当遵守业务规则和行业规范,诚实守信,勤勉尽责,对发行人的申请文件和信息披露资料进行审慎核查,督导发行人规范运作。

保荐人的资格及其管理办法由国务院证券监督管理机构规定。

第十二条 设立股份有限公司公开发行股票,应当符合《中华人民共和国公司法》规定的条件和经国务院批准的国务院证券监督管理机构规定的其他条件,向国务院证券监督管理机构报送募股申请和下列文件:

（一）公司章程；

（二）发起人协议；

（三）发起人姓名或者名称，发起人认购的股份数、出资种类及验资证明；

（四）招股说明书；

（五）代收股款银行的名称及地址；

（六）承销机构名称及有关的协议。

依照本法规定聘请保荐人的，还应当报送保荐人出具的发行保荐书。

法律、行政法规规定设立公司必须报经批准的，还应当提交相应的批准文件。

第十三条 公司公开发行新股，应当符合下列条件：

（一）具备健全且运行良好的组织机构；

（二）具有持续盈利能力，财务状况良好；

（三）最近三年财务会计文件无虚假记载，无其他重大违法行为；

（四）经国务院批准的国务院证券监督管理机构规定的其他条件。

上市公司非公开发行新股，应当符合经国务院批准的国务院证券监督管理机构规定的条件，并报国务院证券监督管理机构核准。

第十四条 公司公开发行新股，应当向国务院证券监督管理机构报送募股申请和下列文件：

（一）公司营业执照；

（二）公司章程；

（三）股东大会决议；

（四）招股说明书；

（五）财务会计报告；

（六）代收股款银行的名称及地址；

（七）承销机构名称及有关的协议。

依照本法规定聘请保荐人的，还应当报送保荐人出具的发行保荐书。

第十五条 公司对公开发行股票所募集资金，必须按照招股说明书所列资金用途使用。改变招股说明书所列资金用途，必须经股东大会作出决议。擅自改变用途而未作纠正的，或者未经股东大会认可的，不得公开发行新股。

第十六条 公开发行公司债券，应当符合下列条件：

（一）股份有限公司的净资产不低于人民币三千万元，有限责任公司的净资产不低于人民币六千万元；

（二）累计债券余额不超过公司净资产的百分之四十；

（三）最近三年平均可分配利润足以支付公司债券一年的利息；

（四）筹集的资金投向符合国家产业政策；

（五）债券的利率不超过国务院限定的利率水平；

（六）国务院规定的其他条件。

公开发行公司债券筹集的资金，必须用于核准的用途，不得用于弥补亏损和非生产性支出。

上市公司发行可转换为股票的公司债券，除应当符合第一款规定的条件外，还应当符合本法关于公开发行股票的条件，并报国务院证券监督管理机构核准。

第十七条 申请公开发行公司债券，应当向国务院授权的部门或者国务院证券监督管理机构报送下列文件：

（一）公司营业执照；

（二）公司章程；

（三）公司债券募集办法；

（四）资产评估报告和验资报告；

（五）国务院授权的部门或者国务院证券监督管理机构规定的其他文件。

依照本法规定聘请保荐人的,还应当报送保荐人出具的发行保荐书。

第十八条 有下列情形之一的,不得再次公开发行公司债券:

(一) 前一次公开发行的公司债券尚未募足;

(二) 对已公开发行的公司债券或者其他债务有违约或者延迟支付本息的事实,仍处于继续状态;

(三) 违反本法规定,改变公开发行公司债券所募资金的用途。

第十九条 发行人依法申请核准发行证券所报送的申请文件的格式、报送方式,由依法负责核准的机构或者部门规定。

第二十条 发行人向国务院证券监督管理机构或者国务院授权的部门报送的证券发行申请文件,必须真实、准确、完整。

为证券发行出具有关文件的证券服务机构和人员,必须严格履行法定职责,保证其所出具文件的真实性、准确性和完整性。

第二十一条 发行人申请首次公开发行股票的,在提交申请文件后,应当按照国务院证券监督管理机构的规定预先披露有关申请文件。

第二十二条 国务院证券监督管理机构设发行审核委员会,依法审核股票发行申请。

发行审核委员会由国务院证券监督管理机构的专业人员和所聘请的该机构外的有关专家组成,以投票方式对股票发行申请进行表决,提出审核意见。

发行审核委员会的具体组成办法、组成人员任期、工作程序,由国务院证券监督管理机构规定。

第二十三条 国务院证券监督管理机构依照法定条件负责核准股票发行申请。核准程序应当公开,依法接受监督。

参与审核和核准股票发行申请的人员,不得与发行申请人有利害关系,不得直接或者间接接受发行申请人的馈赠,不得持有所核准的发行申请的股票,不得私下与发行申请人进行接触。

国务院授权的部门对公司债券发行申请的核准,参照前两款的规定执行。

第二十四条 国务院证券监督管理机构或者国务院授权的部门应当自受理证券发行申请文件之日起三个月内,依照法定条件和法定程序作出予以核准或者不予核准的决定,发行人根据要求补充、修改发行申请文件的时间不计算在内;不予核准的,应当说明理由。

第二十五条 证券发行申请经核准,发行人应当依照法律、行政法规的规定,在证券公开发行前,公告公开发行募集文件,并将该文件置备于指定场所供公众查阅。

发行证券的信息依法公开前,任何知情人不得公开或者泄露该信息。

发行人不得在公告公开发行募集文件前发行证券。

第二十六条 国务院证券监督管理机构或者国务院授权的部门对已作出的核准证券发行的决定,发现不符合法定条件或者法定程序,尚未发行证券的,应当予以撤销,停止发行。已经发行尚未上市的,撤销发行核准决定,发行人应当按照发行价并加算银行同期存款利息返还证券持有人;保荐人应当与发行人承担连带责任,但是能够证明自己没有过错的除外;发行人的控股股东、实际控制人有过错的,应当与发行人承担连带责任。

第二十七条 股票依法发行后,发行人经营与收益的变化,由发行人自行负责;由此变化引致的投资风险,由投资者自行负责。

第二十八条 发行人向不特定对象发行的证券,法律、行政法规规定应当由证券公司承销的,发行人应当同证券公司签订承销协议。证券承销业务采取代销或者包销方式。

证券代销是指证券公司代发行人发售证券,在承销期结束时,将未售出的证券全部退还给发行人的承销方式。

证券包销是指证券公司将发行人的证券按照协议全部购入或者

在承销期结束时将售后剩余证券全部自行购入的承销方式。

第二十九条　公开发行证券的发行人有权依法自主选择承销的证券公司。证券公司不得以不正当竞争手段招揽证券承销业务。

第三十条　证券公司承销证券,应当同发行人签订代销或者包销协议,载明下列事项:

（一）当事人的名称、住所及法定代表人姓名;

（二）代销、包销证券的种类、数量、金额及发行价格;

（三）代销、包销的期限及起止日期;

（四）代销、包销的付款方式及日期;

（五）代销、包销的费用和结算办法;

（六）违约责任;

（七）国务院证券监督管理机构规定的其他事项。

第三十一条　证券公司承销证券,应当对公开发行募集文件的真实性、准确性、完整性进行核查;发现有虚假记载、误导性陈述或者重大遗漏的,不得进行销售活动;已经销售的,必须立即停止销售活动,并采取纠正措施。

第三十二条　向不特定对象发行的证券票面总值超过人民币五千万元的,应当由承销团承销。承销团应当由主承销和参与承销的证券公司组成。

第三十三条　证券的代销、包销期限最长不得超过九十日。证券公司在代销、包销期内,对所代销、包销的证券应当保证先行出售给认购人,证券公司不得为本公司预留所代销的证券和预先购入并留存所包销的证券。

第三十四条　股票发行采取溢价发行的,其发行价格由发行人与承销的证券公司协商确定。

第三十五条　股票发行采用代销方式,代销期限届满,向投资者出售的股票数量未达到拟公开发行股票数量百分之七十的,为发行失败。发行人应当按照发行价并加算银行同期存款利息返还股票认购人。

第三十六条 公开发行股票，代销、包销期限届满，发行人应当在规定的期限内将股票发行情况报国务院证券监督管理机构备案。

第三章 证券交易

第一节 一般规定

第三十七条 证券交易当事人依法买卖的证券，必须是依法发行并交付的证券。

非依法发行的证券，不得买卖。

第三十八条 依法发行的股票、公司债券及其他证券，法律对其转让期限有限制性规定的，在限定的期限内不得买卖。

第三十九条 依法公开发行的股票、公司债券及其他证券，应当在依法设立的证券交易所上市交易或者在国务院批准的其他证券交易场所转让。

第四十条 证券在证券交易所上市交易，应当采用公开的集中交易方式或者国务院证券监督管理机构批准的其他方式。

第四十一条 证券交易当事人买卖的证券可以采用纸面形式或者国务院证券监督管理机构规定的其他形式。

第四十二条 证券交易以现货和国务院规定的其他方式进行交易。

第四十三条 证券交易所、证券公司和证券登记结算机构的从业人员、证券监督管理机构的工作人员以及法律、行政法规禁止参与股票交易的其他人员，在任期或者法定限期内，不得直接或者以化名、借他人名义持有、买卖股票，也不得收受他人赠送的股票。

任何人在成为前款所列人员时，其原已持有的股票，必须依法转让。

第四十四条 证券交易所、证券公司、证券登记结算机构必须依法为客户开立的账户保密。

第四十五条 为股票发行出具审计报告、资产评估报告或者法律意见书等文件的证券服务机构和人员,在该股票承销期内和期满后六个月内,不得买卖该种股票。

除前款规定外,为上市公司出具审计报告、资产评估报告或者法律意见书等文件的证券服务机构和人员,自接受上市公司委托之日起至上述文件公开后五日内,不得买卖该种股票。

第四十六条 证券交易的收费必须合理,并公开收费项目、收费标准和收费办法。

证券交易的收费项目、收费标准和管理办法由国务院有关主管部门统一规定。

第四十七条 上市公司董事、监事、高级管理人员、持有上市公司股份百分之五以上的股东,将其持有的该公司的股票在买入后六个月内卖出,或者在卖出后六个月内又买入,由此所得收益归该公司所有,公司董事会应当收回其所得收益。但是,证券公司因包销购入售后剩余股票而持有百分之五以上股份的,卖出该股票不受六个月时间限制。

公司董事会不按照前款规定执行的,股东有权要求董事会在三十日内执行。公司董事会未在上述期限内执行的,股东有权为了公司的利益以自己的名义直接向人民法院提起诉讼。

公司董事会不按照第一款的规定执行的,负有责任的董事依法承担连带责任。

第二节 证券上市

第四十八条 申请证券上市交易,应当向证券交易所提出申请,由证券交易所依法审核同意,并由双方签订上市协议。

证券交易所根据国务院授权的部门的决定安排政府债券上市交易。

第四十九条　申请股票、可转换为股票的公司债券或者法律、行政法规规定实行保荐制度的其他证券上市交易，应当聘请具有保荐资格的机构担任保荐人。

本法第十一条第二款、第三款的规定适用于上市保荐人。

第五十条　股份有限公司申请股票上市，应当符合下列条件：

（一）股票经国务院证券监督管理机构核准已公开发行；

（二）公司股本总额不少于人民币三千万元；

（三）公开发行的股份达到公司股份总数的百分之二十五以上；公司股本总额超过人民币四亿元的，公开发行股份的比例为百分之十以上；

（四）公司最近三年无重大违法行为，财务会计报告无虚假记载。

证券交易所可以规定高于前款规定的上市条件，并报国务院证券监督管理机构批准。

第五十一条　国家鼓励符合产业政策并符合上市条件的公司股票上市交易。

第五十二条　申请股票上市交易，应当向证券交易所报送下列文件：

（一）上市报告书；

（二）申请股票上市的股东大会决议；

（三）公司章程；

（四）公司营业执照；

（五）依法经会计师事务所审计的公司最近三年的财务会计报告；

（六）法律意见书和上市保荐书；

（七）最近一次的招股说明书；

（八）证券交易所上市规则规定的其他文件。

第五十三条　股票上市交易申请经证券交易所审核同意后，签订上市协议的公司应当在规定的期限内公告股票上市的有关文件，并将该文件置备于指定场所供公众查阅。

第五十四条 签订上市协议的公司除公告前条规定的文件外，还应当公告下列事项：

（一）股票获准在证券交易所交易的日期；

（二）持有公司股份最多的前十名股东的名单和持股数额；

（三）公司的实际控制人；

（四）董事、监事、高级管理人员的姓名及其持有本公司股票和债券的情况。

第五十五条 上市公司有下列情形之一的，由证券交易所决定暂停其股票上市交易：

（一）公司股本总额、股权分布等发生变化不再具备上市条件；

（二）公司不按照规定公开其财务状况，或者对财务会计报告作虚假记载，可能误导投资者；

（三）公司有重大违法行为；

（四）公司最近三年连续亏损；

（五）证券交易所上市规则规定的其他情形。

第五十六条 上市公司有下列情形之一的，由证券交易所决定终止其股票上市交易：

（一）公司股本总额、股权分布等发生变化不再具备上市条件，在证券交易所规定的期限内仍不能达到上市条件；

（二）公司不按照规定公开其财务状况，或者对财务会计报告作虚假记载，且拒绝纠正；

（三）公司最近三年连续亏损，在其后一个年度内未能恢复盈利；

（四）公司解散或者被宣告破产；

（五）证券交易所上市规则规定的其他情形。

第五十七条 公司申请公司债券上市交易，应当符合下列条件：

（一）公司债券的期限为一年以上；
（二）公司债券实际发行额不少于人民币五千万元；
（三）公司申请债券上市时仍符合法定的公司债券发行条件。

第五十八条 申请公司债券上市交易，应当向证券交易所报送下列文件：
（一）上市报告书；
（二）申请公司债券上市的董事会决议；
（三）公司章程；
（四）公司营业执照；
（五）公司债券募集办法；
（六）公司债券的实际发行数额；
（七）证券交易所上市规则规定的其他文件。

申请可转换为股票的公司债券上市交易，还应当报送保荐人出具的上市保荐书。

第五十九条 公司债券上市交易申请经证券交易所审核同意后，签订上市协议的公司应当在规定的期限内公告公司债券上市文件及有关文件，并将其申请文件置备于指定场所供公众查阅。

第六十条 公司债券上市交易后，公司有下列情形之一的，由证券交易所决定暂停其公司债券上市交易：
（一）公司有重大违法行为；
（二）公司情况发生重大变化不符合公司债券上市条件；
（三）发行公司债券所募集的资金不按照核准的用途使用；
（四）未按照公司债券募集办法履行义务；
（五）公司最近二年连续亏损。

第六十一条 公司有前条第（一）项、第（四）项所列情形之一经查实后果严重的，或者有前条第（二）项、第（三）项、第（五）项所列情形之一，在限期内未能消除的，由证券交易所决定终止其公司债券上市交易。

公司解散或者被宣告破产的,由证券交易所终止其公司债券上市交易。

第六十二条 对证券交易所作出的不予上市、暂停上市、终止上市决定不服的,可以向证券交易所设立的复核机构申请复核。

第三节 持续信息公开

第六十三条 发行人、上市公司依法披露的信息,必须真实、准确、完整,不得有虚假记载、误导性陈述或者重大遗漏。

第六十四条 经国务院证券监督管理机构核准依法公开发行股票,或者经国务院授权的部门核准依法公开发行公司债券,应当公告招股说明书、公司债券募集办法。依法公开发行新股或者公司债券的,还应当公告财务会计报告。

第六十五条 上市公司和公司债券上市交易的公司,应当在每一会计年度的上半年结束之日起二个月内,向国务院证券监督管理机构和证券交易所报送记载以下内容的中期报告,并予公告:

(一)公司财务会计报告和经营情况;
(二)涉及公司的重大诉讼事项;
(三)已发行的股票、公司债券变动情况;
(四)提交股东大会审议的重要事项;
(五)国务院证券监督管理机构规定的其他事项。

第六十六条 上市公司和公司债券上市交易的公司,应当在每一会计年度结束之日起四个月内,向国务院证券监督管理机构和证券交易所报送记载以下内容的年度报告,并予公告:

(一)公司概况;
(二)公司财务会计报告和经营情况;
(三)董事、监事、高级管理人员简介及其持股情况;
(四)已发行的股票、公司债券情况,包括持有公司股份最多的前十名股东的名单和持股数额;

（五）公司的实际控制人；

（六）国务院证券监督管理机构规定的其他事项。

第六十七条　发生可能对上市公司股票交易价格产生较大影响的重大事件，投资者尚未得知时，上市公司应当立即将有关该重大事件的情况向国务院证券监督管理机构和证券交易所报送临时报告，并予公告，说明事件的起因、目前的状态和可能产生的法律后果。

下列情况为前款所称重大事件：

（一）公司的经营方针和经营范围的重大变化；

（二）公司的重大投资行为和重大的购置财产的决定；

（三）公司订立重要合同，可能对公司的资产、负债、权益和经营成果产生重要影响；

（四）公司发生重大债务和未能清偿到期重大债务的违约情况；

（五）公司发生重大亏损或者重大损失；

（六）公司生产经营的外部条件发生的重大变化；

（七）公司的董事、三分之一以上监事或者经理发生变动；

（八）持有公司百分之五以上股份的股东或者实际控制人，其持有股份或者控制公司的情况发生较大变化；

（九）公司减资、合并、分立、解散及申请破产的决定；

（十）涉及公司的重大诉讼，股东大会、董事会决议被依法撤销或者宣告无效；

（十一）公司涉嫌犯罪被司法机关立案调查，公司董事、监事、高级管理人员涉嫌犯罪被司法机关采取强制措施；

（十二）国务院证券监督管理机构规定的其他事项。

第六十八条　上市公司董事、高级管理人员应当对公司定期报告签署书面确认意见。

上市公司监事会应当对董事会编制的公司定期报告进行审核并提出书面审核意见。

上市公司董事、监事、高级管理人员应当保证上市公司所披露的信息真实、准确、完整。

第六十九条 发行人、上市公司公告的招股说明书、公司债券募集办法、财务会计报告、上市报告文件、年度报告、中期报告、临时报告以及其他信息披露资料，有虚假记载、误导性陈述或者重大遗漏，致使投资者在证券交易中遭受损失的，发行人、上市公司应当承担赔偿责任；发行人、上市公司的董事、监事、高级管理人员和其他直接责任人员以及保荐人、承销的证券公司，应当与发行人、上市公司承担连带赔偿责任，但是能够证明自己没有过错的除外；发行人、上市公司的控股股东、实际控制人有过错的，应当与发行人、上市公司承担连带赔偿责任。

第七十条 依法必须披露的信息，应当在国务院证券监督管理机构指定的媒体发布，同时将其置备于公司住所、证券交易所，供社会公众查阅。

第七十一条 国务院证券监督管理机构对上市公司年度报告、中期报告、临时报告以及公告的情况进行监督，对上市公司分派或者配售新股的情况进行监督，对上市公司控股股东和信息披露义务人的行为进行监督。

证券监督管理机构、证券交易所、保荐人、承销的证券公司及有关人员，对公司依照法律、行政法规规定必须作出的公告，在公告前不得泄露其内容。

第七十二条 证券交易所决定暂停或者终止证券上市交易的，应当及时公告，并报国务院证券监督管理机构备案。

第四节 禁止的交易行为

第七十三条 禁止证券交易内幕信息的知情人和非法获取内幕信息的人利用内幕信息从事证券交易活动。

第七十四条 证券交易内幕信息的知情人包括：

（一）发行人的董事、监事、高级管理人员；

（二）持有公司百分之五以上股份的股东及其董事、监事、高级管理人员，公司的实际控制人及其董事、监事、高级管理人员；

（三）发行人控股的公司及其董事、监事、高级管理人员；

（四）由于所任公司职务可以获取公司有关内幕信息的人员；

（五）证券监督管理机构工作人员以及由于法定职责对证券的发行、交易进行管理的其他人员；

（六）保荐人、承销的证券公司、证券交易所、证券登记结算机构、证券服务机构的有关人员；

（七）国务院证券监督管理机构规定的其他人。

第七十五条 证券交易活动中，涉及公司的经营、财务或者对该公司证券的市场价格有重大影响的尚未公开的信息，为内幕信息。

下列信息皆属内幕信息：

（一）本法第六十七条第二款所列重大事件；

（二）公司分配股利或者增资的计划；

（三）公司股权结构的重大变化；

（四）公司债务担保的重大变更；

（五）公司营业用主要资产的抵押、出售或者报废一次超过该资产的百分之三十；

（六）公司的董事、监事、高级管理人员的行为可能依法承担重大损害赔偿责任；

（七）上市公司收购的有关方案；

（八）国务院证券监督管理机构认定的对证券交易价格有显著影响的其他重要信息。

第七十六条 证券交易内幕信息的知情人和非法获取内幕信息的人，在内幕信息公开前，不得买卖该公司的证券，或者泄露该信息，或者建议他人买卖该证券。

持有或者通过协议、其他安排与他人共同持有公司百分之五以上股份的自然人、法人、其他组织收购上市公司的股份，本法另有规定的，适用其规定。

内幕交易行为给投资者造成损失的，行为人应当依法承担赔偿责任。

第七十七条 禁止任何人以下列手段操纵证券市场：

（一）单独或者通过合谋，集中资金优势、持股优势或者利用信息优势联合或者连续买卖，操纵证券交易价格或者证券交易量；

（二）与他人串通，以事先约定的时间、价格和方式相互进行证券交易，影响证券交易价格或者证券交易量；

（三）在自己实际控制的账户之间进行证券交易，影响证券交易价格或者证券交易量；

（四）以其他手段操纵证券市场。

操纵证券市场行为给投资者造成损失的，行为人应当依法承担赔偿责任。

第七十八条 禁止国家工作人员、传播媒介从业人员和有关人员编造、传播虚假信息，扰乱证券市场。

禁止证券交易所、证券公司、证券登记结算机构、证券服务机构及其从业人员，证券业协会、证券监督管理机构及其工作人员，在证券交易活动中作出虚假陈述或者信息误导。

各种传播媒介传播证券市场信息必须真实、客观，禁止误导。

第七十九条 禁止证券公司及其从业人员从事下列损害客户利益的欺诈行为：

（一）违背客户的委托为其买卖证券；

（二）不在规定时间内向客户提供交易的书面确认文件；

（三）挪用客户所委托买卖的证券或者客户账户上的资金；

（四）未经客户的委托，擅自为客户买卖证券，或者假借客户的名义买卖证券；

（五）为牟取佣金收入，诱使客户进行不必要的证券买卖；

（六）利用传播媒介或者通过其他方式提供、传播虚假或者误导投资者的信息；

（七）其他违背客户真实意思表示，损害客户利益的行为。

欺诈客户行为给客户造成损失的，行为人应当依法承担赔偿责任。

第八十条 禁止法人非法利用他人账户从事证券交易；禁止法人出借自己或者他人的证券账户。

第八十一条 依法拓宽资金入市渠道，禁止资金违规流入股市。

第八十二条 禁止任何人挪用公款买卖证券。

第八十三条 国有企业和国有资产控股的企业买卖上市交易的股票，必须遵守国家有关规定。

第八十四条 证券交易所、证券公司、证券登记结算机构、证券服务机构及其从业人员对证券交易中发现的禁止的交易行为，应当及时向证券监督管理机构报告。

第四章　上市公司的收购

第八十五条 投资者可以采取要约收购、协议收购及其他合法方式收购上市公司。

第八十六条 通过证券交易所的证券交易，投资者持有或者通过协议、其他安排与他人共同持有一个上市公司已发行的股份达到百分之五时，应当在该事实发生之日起三日内，向国务院证券监督管理机构、证券交易所作出书面报告，通知该上市公司，并予公告；在上述期限内，不得再行买卖该上市公司的股票。

投资者持有或者通过协议、其他安排与他人共同持有一个上市公司已发行的股份达到百分之五后，其所持该上市公司已发行的股份比例每增加或者减少百分之五,应当依照前款规定进行报告和公告。在报告期限内和作出报告、公告后二日内,不得再行买卖该上市公司的股票。

第八十七条 依照前条规定所作的书面报告和公告,应当包括下列内容:

(一)持股人的名称、住所;

(二)持有的股票的名称、数额;

(三)持股达到法定比例或者持股增减变化达到法定比例的日期。

第八十八条 通过证券交易所的证券交易,投资者持有或者通过协议、其他安排与他人共同持有一个上市公司已发行的股份达到百分之三十时,继续进行收购的,应当依法向该上市公司所有股东发出收购上市公司全部或者部分股份的要约。

收购上市公司部分股份的收购要约应当约定,被收购公司股东承诺出售的股份数额超过预定收购的股份数额的,收购人按比例进行收购。

第八十九条 依照前条规定发出收购要约,收购人必须公告上市公司收购报告书,并载明下列事项:

(一)收购人的名称、住所;

(二)收购人关于收购的决定;

(三)被收购的上市公司名称;

(四)收购目的;

(五)收购股份的详细名称和预定收购的股份数额;

(六)收购期限、收购价格;

(七)收购所需资金额及资金保证;

(八)公告上市公司收购报告书时持有被收购公司股份数占该公司已发行的股份总数的比例。

第九十条 收购要约约定的收购期限不得少于三十日,并不得超过六十日。

第九十一条 在收购要约确定的承诺期限内,收购人不得撤销其收购要约。收购人需要变更收购要约的,必须及时公告,载明具体变更事项。

第九十二条 收购要约提出的各项收购条件,适用于被收购公司的所有股东。

第九十三条 采取要约收购方式的,收购人在收购期限内,不得卖出被收购公司的股票,也不得采取要约规定以外的形式和超出要约的条件买入被收购公司的股票。

第九十四条 采取协议收购方式的,收购人可以依照法律、行政法规的规定同被收购公司的股东以协议方式进行股份转让。

以协议方式收购上市公司时,达成协议后,收购人必须在三日内将该收购协议向国务院证券监督管理机构及证券交易所作出书面报告,并予公告。

在公告前不得履行收购协议。

第九十五条 采取协议收购方式的,协议双方可以临时委托证券登记结算机构保管协议转让的股票,并将资金存放于指定的银行。

第九十六条 采取协议收购方式的,收购人收购或者通过协议、其他安排与他人共同收购一个上市公司已发行的股份达到百分之三十时,继续进行收购的,应当向该上市公司所有股东发出收购上市公司全部或者部分股份的要约。但是,经国务院证券监督管理机构免除发出要约的除外。

收购人依照前款规定以要约方式收购上市公司股份,应当遵守本法第八十九条至第九十三条的规定。

第九十七条 收购期限届满,被收购公司股权分布不符合上市条件的,该上市公司的股票应当由证券交易所依法终止上市交易;其余仍持有被收购公司股票的股东,有权向收购人以收购要约的同等条件出售其股票,收购人应当收购。

收购行为完成后,被收购公司不再具备股份有限公司条件的,应当依法变更企业形式。

第九十八条 在上市公司收购中,收购人持有的被收购的上市公司的股票,在收购行为完成后的十二个月内不得转让。

第九十九条 收购行为完成后,收购人与被收购公司合并,并将该公司解散的,被解散公司的原有股票由收购人依法更换。

第一百条 收购行为完成后,收购人应当在十五日内将收购情况报告国务院证券监督管理机构和证券交易所,并予公告。

第一百零一条 收购上市公司中由国家授权投资的机构持有的股份,应当按照国务院的规定,经有关主管部门批准。

国务院证券监督管理机构应当依照本法的原则制定上市公司收购的具体办法。

第五章 证券交易所

第一百零二条 证券交易所是为证券集中交易提供场所和设施,组织和监督证券交易,实行自律管理的法人。

证券交易所的设立和解散,由国务院决定。

第一百零三条 设立证券交易所必须制定章程。

证券交易所章程的制定和修改,必须经国务院证券监督管理机构批准。

第一百零四条 证券交易所必须在其名称中标明证券交易所字样。其他任何单位或者个人不得使用证券交易所或者近似的名称。

第一百零五条 证券交易所可以自行支配的各项费用收入,应当首先用于保证其证券交易场所和设施的正常运行并逐步改善。

实行会员制的证券交易所的财产积累归会员所有,其权益由会员共同享有,在其存续期间,不得将其财产积累分配给会员。

第一百零六条　证券交易所设理事会。

第一百零七条　证券交易所设总经理一人，由国务院证券监督管理机构任免。

第一百零八条　有《中华人民共和国公司法》第一百四十六条规定的情形或者下列情形之一的，不得担任证券交易所的负责人：

（一）因违法行为或者违纪行为被解除职务的证券交易所、证券登记结算机构的负责人或者证券公司的董事、监事、高级管理人员，自被解除职务之日起未逾五年；

（二）因违法行为或者违纪行为被撤销资格的律师、注册会计师或者投资咨询机构、财务顾问机构、资信评级机构、资产评估机构、验证机构的专业人员，自被撤销资格之日起未逾五年。

第一百零九条　因违法行为或者违纪行为被开除的证券交易所、证券登记结算机构、证券服务机构、证券公司的从业人员和被开除的国家机关工作人员，不得招聘为证券交易所的从业人员。

第一百一十条　进入证券交易所参与集中交易的，必须是证券交易所的会员。

第一百一十一条　投资者应当与证券公司签订证券交易委托协议，并在证券公司开立证券交易账户，以书面、电话以及其他方式，委托该证券公司代其买卖证券。

第一百一十二条　证券公司根据投资者的委托，按照证券交易规则提出交易申报，参与证券交易所场内的集中交易，并根据成交结果承担相应的清算交收责任；证券登记结算机构根据成交结果，按照清算交收规则，与证券公司进行证券和资金的清算交收，并为证券公司客户办理证券的登记过户手续。

第一百一十三条　证券交易所应当为组织公平的集中交易提供保障，公布证券交易即时行情，并按交易日制作证券市场行情表，予以公布。

未经证券交易所许可,任何单位和个人不得发布证券交易即时行情。

第一百一十四条　因突发性事件而影响证券交易的正常进行时,证券交易所可以采取技术性停牌的措施;因不可抗力的突发性事件或者为维护证券交易的正常秩序,证券交易所可以决定临时停市。

证券交易所采取技术性停牌或者决定临时停市,必须及时报告国务院证券监督管理机构。

第一百一十五条　证券交易所对证券交易实行实时监控,并按照国务院证券监督管理机构的要求,对异常的交易情况提出报告。

证券交易所应当对上市公司及相关信息披露义务人披露信息进行监督,督促其依法及时、准确地披露信息。

证券交易所根据需要,可以对出现重大异常交易情况的证券账户限制交易,并报国务院证券监督管理机构备案。

第一百一十六条　证券交易所应当从其收取的交易费用和会员费、席位费中提取一定比例的金额设立风险基金。风险基金由证券交易所理事会管理。

风险基金提取的具体比例和使用办法,由国务院证券监督管理机构会同国务院财政部门规定。

第一百一十七条　证券交易所应当将收存的风险基金存入开户银行专门账户,不得擅自使用。

第一百一十八条　证券交易所依照证券法律、行政法规制定上市规则、交易规则、会员管理规则和其他有关规则,并报国务院证券监督管理机构批准。

第一百一十九条　证券交易所的负责人和其他从业人员在执行与证券交易有关的职务时,与其本人或者其亲属有利害关系的,应当回避。

第一百二十条　按照依法制定的交易规则进行的交易,不得改变其交易结果。对交易中违规交易者应负的民事责任不得免除；在违规交易中所获利益，依照有关规定处理。

第一百二十一条 在证券交易所内从事证券交易的人员，违反证券交易所有关交易规则的，由证券交易所给予纪律处分；对情节严重的，撤销其资格，禁止其入场进行证券交易。

第六章　证券公司

第一百二十二条 设立证券公司，必须经国务院证券监督管理机构审查批准。未经国务院证券监督管理机构批准，任何单位和个人不得经营证券业务。

第一百二十三条 本法所称证券公司是指依照《中华人民共和国公司法》和本法规定设立的经营证券业务的有限责任公司或者股份有限公司。

第一百二十四条 设立证券公司，应当具备下列条件：

（一）有符合法律、行政法规规定的公司章程；

（二）主要股东具有持续盈利能力，信誉良好，最近三年无重大违法违规记录，净资产不低于人民币二亿元；

（三）有符合本法规定的注册资本；

（四）董事、监事、高级管理人员具备任职资格，从业人员具有证券从业资格；

（五）有完善的风险管理与内部控制制度；

（六）有合格的经营场所和业务设施；

（七）法律、行政法规规定的和经国务院批准的国务院证券监督管理机构规定的其他条件。

第一百二十五条 经国务院证券监督管理机构批准，证券公司可以经营下列部分或者全部业务：

（一）证券经纪；

（二）证券投资咨询；

（三）与证券交易、证券投资活动有关的财务顾问；

（四）证券承销与保荐；

（五）证券自营；

（六）证券资产管理；

（七）其他证券业务。

第一百二十六条 证券公司必须在其名称中标明证券有限责任公司或者证券股份有限公司字样。

第一百二十七条 证券公司经营本法第一百二十五条第（一）项至第（三）项业务的，注册资本最低限额为人民币五千万元；经营第（四）项至第（七）项业务之一的，注册资本最低限额为人民币一亿元；经营第（四）项至第（七）项业务中两项以上的，注册资本最低限额为人民币五亿元。证券公司的注册资本应当是实缴资本。

国务院证券监督管理机构根据审慎监管原则和各项业务的风险程度，可以调整注册资本最低限额，但不得少于前款规定的限额。

第一百二十八条 国务院证券监督管理机构应当自受理证券公司设立申请之日起六个月内，依照法定条件和法定程序并根据审慎监管原则进行审查，作出批准或者不予批准的决定，并通知申请人；不予批准的，应当说明理由。

证券公司设立申请获得批准的，申请人应当在规定的期限内向公司登记机关申请设立登记，领取营业执照。

证券公司应当自领取营业执照之日起十五日内，向国务院证券监督管理机构申请经营证券业务许可证。未取得经营证券业务许可证，证券公司不得经营证券业务。

第一百二十九条 证券公司设立、收购或者撤销分支机构，变更业务范围，增加注册资本且股权结构发生重大调整，减少注册资本，变更持有百分之五以上股权的股东、实际控制人，变更公司章程中的重要条款,合并、分立、停业、解散、破产,必须经国务院证券监督管理机构批准。

证券公司在境外设立、收购或者参股证券经营机构,必须经国务院证券监督管理机构批准。

第一百三十条 国务院证券监督管理机构应当对证券公司的净资本,净资本与负债的比例,净资本与净资产的比例,净资本与自营、承销、资产管理等业务规模的比例,负债与净资产的比例,以及流动资产与流动负债的比例等风险控制指标作出规定。

证券公司不得为其股东或者股东的关联人提供融资或者担保。

第一百三十一条 证券公司的董事、监事、高级管理人员,应当正直诚实,品行良好,熟悉证券法律、行政法规,具有履行职责所需的经营管理能力,并在任职前取得国务院证券监督管理机构核准的任职资格。

有《中华人民共和国公司法》第一百四十六条规定的情形或者下列情形之一的,不得担任证券公司的董事、监事、高级管理人员:

(一)因违法行为或者违纪行为被解除职务的证券交易所、证券登记结算机构的负责人或者证券公司的董事、监事、高级管理人员,自被解除职务之日起未逾五年;

(二)因违法行为或者违纪行为被撤销资格的律师、注册会计师或者投资咨询机构、财务顾问机构、资信评级机构、资产评估机构、验证机构的专业人员,自被撤销资格之日起未逾五年。

第一百三十二条 因违法行为或者违纪行为被开除的证券交易所、证券登记结算机构、证券服务机构、证券公司的从业人员和被开除的国家机关工作人员,不得招聘为证券公司的从业人员。

第一百三十三条 国家机关工作人员和法律、行政法规规定的禁止在公司中兼职的其他人员,不得在证券公司中兼任职务。

第一百三十四条 国家设立证券投资者保护基金。证券投资者保护基金由证券公司缴纳的资金及其他依法筹集的资金组成，其筹集、管理和使用的具体办法由国务院规定。

第一百三十五条 证券公司从每年的税后利润中提取交易风险准备金，用于弥补证券交易的损失，其提取的具体比例由国务院证券监督管理机构规定。

第一百三十六条 证券公司应当建立健全内部控制制度，采取有效隔离措施，防范公司与客户之间、不同客户之间的利益冲突。

证券公司必须将其证券经纪业务、证券承销业务、证券自营业务和证券资产管理业务分开办理，不得混合操作。

第一百三十七条 证券公司的自营业务必须以自己的名义进行，不得假借他人名义或者以个人名义进行。

证券公司的自营业务必须使用自有资金和依法筹集的资金。

证券公司不得将其自营账户借给他人使用。

第一百三十八条 证券公司依法享有自主经营的权利，其合法经营不受干涉。

第一百三十九条 证券公司客户的交易结算资金应当存放在商业银行，以每个客户的名义单独立户管理。具体办法和实施步骤由国务院规定。

证券公司不得将客户的交易结算资金和证券归入其自有财产。禁止任何单位或者个人以任何形式挪用客户的交易结算资金和证券。证券公司破产或者清算时，客户的交易结算资金和证券不属于其破产财产或者清算财产。非因客户本身的债务或者法律规定的其他情形，不得查封、冻结、扣划或者强制执行客户的交易结算资金和证券。

第一百四十条 证券公司办理经纪业务，应当置备统一制定的证券买卖委托书，供委托人使用。采取其他委托方式的，必须作出委托记录。

客户的证券买卖委托，不论是否成交，其委托记录应当按照规定的期限，保存于证券公司。

第一百四十一条 证券公司接受证券买卖的委托，应当根据委托书载明的证券名称、买卖数量、出价方式、价格幅度等，按照交易规则代理买卖证券，如实进行交易记录；买卖成交后，应当按照规定制作买卖成交报告单交付客户。

证券交易中确认交易行为及其交易结果的对账单必须真实，并由交易经办人员以外的审核人员逐笔审核，保证账面证券余额与实际持有的证券相一致。

第一百四十二条 证券公司为客户买卖证券提供融资融券服务，应当按照国务院的规定并经国务院证券监督管理机构批准。

第一百四十三条 证券公司办理经纪业务，不得接受客户的全权委托而决定证券买卖、选择证券种类、决定买卖数量或者买卖价格。

第一百四十四条 证券公司不得以任何方式对客户证券买卖的收益或者赔偿证券买卖的损失作出承诺。

第一百四十五条 证券公司及其从业人员不得未经过其依法设立的营业场所私下接受客户委托买卖证券。

第一百四十六条 证券公司的从业人员在证券交易活动中，执行所属的证券公司的指令或者利用职务违反交易规则的，由所属的证券公司承担全部责任。

第一百四十七条 证券公司应当妥善保存客户开户资料、委托记录、交易记录和与内部管理、业务经营有关的各项资料，任何人不得隐匿、伪造、篡改或者毁损。上述资料的保存期限不得少于二十年。

第一百四十八条 证券公司应当按照规定向国务院证券监督管理机构报送业务、财务等经营管理信息和资料。国务院证券监督管理机构有权要求证券公司及其股东、实际控制人在指定的期限内提供有关信息、资料。

证券公司及其股东、实际控制人向国务院证券监督管理机构报送或者提供的信息、资料，必须真实、准确、完整。

第一百四十九条 国务院证券监督管理机构认为有必要时，可以委托会计师事务所、资产评估机构对证券公司的财务状况、内部控制状况、资产价值进行审计或者评估。具体办法由国务院证券监督管理机构会同有关主管部门制定。

第一百五十条 证券公司的净资本或者其他风险控制指标不符合规定的，国务院证券监督管理机构应当责令其限期改正；逾期未改正，或者其行为严重危及该证券公司的稳健运行、损害客户合法权益的，国务院证券监督管理机构可以区别情形，对其采取下列措施：

（一）限制业务活动，责令暂停部分业务，停止批准新业务；

（二）停止批准增设、收购营业性分支机构；

（三）限制分配红利，限制向董事、监事、高级管理人员支付报酬、提供福利；

（四）限制转让财产或者在财产上设定其他权利；

（五）责令更换董事、监事、高级管理人员或者限制其权利；

（六）责令控股股东转让股权或者限制有关股东行使股东权利；

（七）撤销有关业务许可。

证券公司整改后，应当向国务院证券监督管理机构提交报告。国务院证券监督管理机构经验收，符合有关风险控制指标的，应当自验收完毕之日起三日内解除对其采取的前款规定的有关措施。

第一百五十一条 证券公司的股东有虚假出资、抽逃出资行为的，国务院证券监督管理机构应当责令其限期改正，并可责令其转让所持证券公司的股权。

在前款规定的股东按照要求改正违法行为、转让所持证券公司的股权前，国务院证券监督管理机构可以限制其股东权利。

第一百五十二条 证券公司的董事、监事、高级管理人员未能勤勉尽责，致使证券公司存在重大违法违规行为或者重大风险的，国务院证券监督管理机构可以撤销其任职资格，并责令公司予以更换。

第一百五十三条　证券公司违法经营或者出现重大风险，严重危害证券市场秩序、损害投资者利益的，国务院证券监督管理机构可以对该证券公司采取责令停业整顿、指定其他机构托管、接管或者撤销等监管措施。

第一百五十四条　在证券公司被责令停业整顿、被依法指定托管、接管或者清算期间，或者出现重大风险时，经国务院证券监督管理机构批准，可以对该证券公司直接负责的董事、监事、高级管理人员和其他直接责任人员采取以下措施：

（一）通知出境管理机关依法阻止其出境；

（二）申请司法机关禁止其转移、转让或者以其他方式处分财产，或者在财产上设定其他权利。

第七章　证券登记结算机构

第一百五十五条　证券登记结算机构是为证券交易提供集中登记、存管与结算服务，不以营利为目的的法人。

设立证券登记结算机构必须经国务院证券监督管理机构批准。

第一百五十六条　设立证券登记结算机构，应当具备下列条件：

（一）自有资金不少于人民币二亿元；

（二）具有证券登记、存管和结算服务所必须的场所和设施；

（三）主要管理人员和从业人员必须具有证券从业资格；

（四）国务院证券监督管理机构规定的其他条件。

证券登记结算机构的名称中应当标明证券登记结算字样。

第一百五十七条　证券登记结算机构履行下列职能：

（一）证券账户、结算账户的设立；

（二）证券的存管和过户；

（三）证券持有人名册登记；

（四）证券交易所上市证券交易的清算和交收；

（五）受发行人的委托派发证券权益；

（六）办理与上述业务有关的查询；

（七）国务院证券监督管理机构批准的其他业务。

第一百五十八条 证券登记结算采取全国集中统一的运营方式。

证券登记结算机构章程、业务规则应当依法制定，并经国务院证券监督管理机构批准。

第一百五十九条 证券持有人持有的证券，在上市交易时，应当全部存管在证券登记结算机构。

证券登记结算机构不得挪用客户的证券。

第一百六十条 证券登记结算机构应当向证券发行人提供证券持有人名册及其有关资料。

证券登记结算机构应当根据证券登记结算的结果，确认证券持有人持有证券的事实，提供证券持有人登记资料。

证券登记结算机构应当保证证券持有人名册和登记过户记录真实、准确、完整，不得隐匿、伪造、篡改或者毁损。

第一百六十一条 证券登记结算机构应当采取下列措施保证业务的正常进行：

（一）具有必备的服务设备和完善的数据安全保护措施；

（二）建立完善的业务、财务和安全防范等管理制度；

（三）建立完善的风险管理系统。

第一百六十二条 证券登记结算机构应当妥善保存登记、存管和结算的原始凭证及有关文件和资料。其保存期限不得少于二十年。

第一百六十三条 证券登记结算机构应当设立证券结算风险基

金，用于垫付或者弥补因违约交收、技术故障、操作失误、不可抗力造成的证券登记结算机构的损失。

证券结算风险基金从证券登记结算机构的业务收入和收益中提取，并可以由结算参与人按照证券交易业务量的一定比例缴纳。

证券结算风险基金的筹集、管理办法，由国务院证券监督管理机构会同国务院财政部门规定。

第一百六十四条 证券结算风险基金应当存入指定银行的专门账户，实行专项管理。

证券登记结算机构以证券结算风险基金赔偿后，应当向有关责任人追偿。

第一百六十五条 证券登记结算机构申请解散，应当经国务院证券监督管理机构批准。

第一百六十六条 投资者委托证券公司进行证券交易，应当申请开立证券账户。证券登记结算机构应当按照规定以投资者本人的名义为投资者开立证券账户。

投资者申请开立账户，必须持有证明中国公民身份或者中国法人资格的合法证件。国家另有规定的除外。

第一百六十七条 证券登记结算机构为证券交易提供净额结算服务时，应当要求结算参与人按照货银对付的原则，足额交付证券和资金，并提供交收担保。

在交收完成之前，任何人不得动用用于交收的证券、资金和担保物。

结算参与人未按时履行交收义务的，证券登记结算机构有权按照业务规则处理前款所述财产。

第一百六十八条 证券登记结算机构按照业务规则收取的各类结算资金和证券，必须存放于专门的清算交收账户，只能按业务规则用于已成交的证券交易的清算交收，不得被强制执行。

第八章 证券服务机构

第一百六十九条 投资咨询机构、财务顾问机构、资信评级机构、资产评估机构、会计师事务所从事证券服务业务，必须经国务院证券监督管理机构和有关主管部门批准。

投资咨询机构、财务顾问机构、资信评级机构、资产评估机构、会计师事务所从事证券服务业务的审批管理办法，由国务院证券监督管理机构和有关主管部门制定。

第一百七十条 投资咨询机构、财务顾问机构、资信评级机构从事证券服务业务的人员，必须具备证券专业知识和从事证券业务或者证券服务业务二年以上经验。认定其证券从业资格的标准和管理办法，由国务院证券监督管理机构制定。

第一百七十一条 投资咨询机构及其从业人员从事证券服务业务不得有下列行为：

（一）代理委托人从事证券投资；

（二）与委托人约定分享证券投资收益或者分担证券投资损失；

（三）买卖本咨询机构提供服务的上市公司股票；

（四）利用传播媒介或者通过其他方式提供、传播虚假或者误导投资者的信息；

（五）法律、行政法规禁止的其他行为。

有前款所列行为之一，给投资者造成损失的，依法承担赔偿责任。

第一百七十二条 从事证券服务业务的投资咨询机构和资信评级机构，应当按照国务院有关主管部门规定的标准或者收费办法收取服务费用。

第一百七十三条 证券服务机构为证券的发行、上市、交易等证券业务活动制作、出具审计报告、资产评估报告、财务顾问报告、资信评级报告或者法律意见书等文件，应当勤勉尽责，对所依据的文件资料内容的真实性、准确性、完整性进行核查和验证。其制作、出具的文件有虚假记载、误导性陈述或者重大遗漏，给他人造成损失的，应当与发行人、上市公司承担连带赔偿责任，但是能够证明自己没有过错的除外。

第九章 证券业协会

第一百七十四条 证券业协会是证券业的自律性组织，是社会团体法人。

证券公司应当加入证券业协会。

证券业协会的权力机构为全体会员组成的会员大会。

第一百七十五条 证券业协会章程由会员大会制定，并报国务院证券监督管理机构备案。

第一百七十六条 证券业协会履行下列职责：

（一）教育和组织会员遵守证券法律、行政法规；

（二）依法维护会员的合法权益，向证券监督管理机构反映会员的建议和要求；

（三）收集整理证券信息，为会员提供服务；

（四）制定会员应遵守的规则，组织会员单位的从业人员的业务培训，开展会员间的业务交流；

（五）对会员之间、会员与客户之间发生的证券业务纠纷进行调解；

（六）组织会员就证券业的发展、运作及有关内容进行研究；

（七）监督、检查会员行为，对违反法律、行政法规或者协会章程的，按照规定给予纪律处分；

（八）证券业协会章程规定的其他职责。

第一百七十七条 证券业协会设理事会。理事会成员依章程的规定由选举产生。

第十章　证券监督管理机构

第一百七十八条　国务院证券监督管理机构依法对证券市场实行监督管理，维护证券市场秩序，保障其合法运行。

第一百七十九条　国务院证券监督管理机构在对证券市场实施监督管理中履行下列职责：

（一）依法制定有关证券市场监督管理的规章、规则，并依法行使审批或者核准权；

（二）依法对证券的发行、上市、交易、登记、存管、结算，进行监督管理；

（三）依法对证券发行人、上市公司、证券公司、证券投资基金管理公司、证券服务机构、证券交易所、证券登记结算机构的证券业务活动，进行监督管理；

（四）依法制定从事证券业务人员的资格标准和行为准则，并监督实施；

（五）依法监督检查证券发行、上市和交易的信息公开情况；

（六）依法对证券业协会的活动进行指导和监督；

（七）依法对违反证券市场监督管理法律、行政法规的行为进行查处；

（八）法律、行政法规规定的其他职责。

国务院证券监督管理机构可以和其他国家或者地区的证券监督管理机构建立监督管理合作机制，实施跨境监督管理。

第一百八十条　国务院证券监督管理机构依法履行职责，有权采取下列措施：

（一）对证券发行人、上市公司、证券公司、证券投资基金管理公司、证券服务机构、证券交易所、证券登记结算机构进行现场检查；

（二）进入涉嫌违法行为发生场所调查取证；

（三）询问当事人和与被调查事件有关的单位和个人，要求其对与被调查事件有关的事项作出说明；

（四）查阅、复制与被调查事件有关的财产权登记、通讯记录等资料；

（五）查阅、复制当事人和与被调查事件有关的单位和个人的证券交易记录、登记过户记录、财务会计资料及其他相关文件和资料；对可能被转移、隐匿或者毁损的文件和资料，可以予以封存；

（六）查询当事人和与被调查事件有关的单位和个人的资金账户、证券账户和银行账户；对有证据证明已经或者可能转移或者隐匿违法资金、证券等涉案财产或者隐匿、伪造、毁损重要证据的，经国务院证券监督管理机构主要负责人批准，可以冻结或者查封；

（七）在调查操纵证券市场、内幕交易等重大证券违法行为时，经国务院证券监督管理机构主要负责人批准，可以限制被调查事件当事人的证券买卖，但限制的期限不得超过十五个交易日；案情复杂的，可以延长十五个交易日。

第一百八十一条 国务院证券监督管理机构依法履行职责，进行监督检查或者调查，其监督检查、调查的人员不得少于二人，并应当出示合法证件和监督检查、调查通知书。监督检查、调查的人员少于二人或者未出示合法证件和监督检查、调查通知书的，被检查、调查的单位有权拒绝。

第一百八十二条 国务院证券监督管理机构工作人员必须忠于职守，依法办事，公正廉洁，不得利用职务便利牟取不正当利益，不得泄露所知悉的有关单位和个人的商业秘密。

第一百八十三条 国务院证券监督管理机构依法履行职责，被检查、调查的单位和个人应当配合，如实提供有关文件和资料，不得拒绝、阻碍和隐瞒。

第一百八十四条 国务院证券监督管理机构依法制定的规章、

规则和监督管理工作制度应当公开。

国务院证券监督管理机构依据调查结果,对证券违法行为作出的处罚决定,应当公开。

第一百八十五条 国务院证券监督管理机构应当与国务院其他金融监督管理机构建立监督管理信息共享机制。

国务院证券监督管理机构依法履行职责,进行监督检查或者调查时,有关部门应当予以配合。

第一百八十六条 国务院证券监督管理机构依法履行职责,发现证券违法行为涉嫌犯罪的,应当将案件移送司法机关处理。

第一百八十七条 国务院证券监督管理机构的人员不得在被监管的机构中任职。

第十一章 法律责任

第一百八十八条 未经法定机关核准,擅自公开或者变相公开发行证券的,责令停止发行,退还所募资金并加算银行同期存款利息,处以非法所募资金金额百分之一以上百分之五以下的罚款;对擅自公开或者变相公开发行证券设立的公司,由依法履行监督管理职责的机构或者部门会同县级以上地方人民政府予以取缔。对直接负责的主管人员和其他直接责任人员给予警告,并处以三万元以上三十万元以下的罚款。

第一百八十九条 发行人不符合发行条件,以欺骗手段骗取发行核准,尚未发行证券的,处以三十万元以上六十万元以下的罚款;已经发行证券的,处以非法所募资金金额百分之一以上百分之五以下的罚款。对直接负责的主管人员和其他直接责任人员处以三万元以上三十万元以下的罚款。

发行人的控股股东、实际控制人指使从事前款违法行为的,依照前款的规定处罚。

第一百九十条　证券公司承销或者代理买卖未经核准擅自公开发行的证券的，责令停止承销或者代理买卖，没收违法所得，并处以违法所得一倍以上五倍以下的罚款；没有违法所得或者违法所得不足三十万元的，处以三十万元以上六十万元以下的罚款。给投资者造成损失的，应当与发行人承担连带赔偿责任。对直接负责的主管人员和其他直接责任人员给予警告，撤销任职资格或者证券从业资格，并处以三万元以上三十万元以下的罚款。

第一百九十一条　证券公司承销证券，有下列行为之一的，责令改正，给予警告，没收违法所得，可以并处三十万元以上六十万元以下的罚款；情节严重的，暂停或者撤销相关业务许可。给其他证券承销机构或者投资者造成损失的，依法承担赔偿责任。对直接负责的主管人员和其他直接责任人员给予警告，可以并处三万元以上三十万元以下的罚款；情节严重的，撤销任职资格或者证券从业资格：

（一）进行虚假的或者误导投资者的广告或者其他宣传推介活动；

（二）以不正当竞争手段招揽承销业务；

（三）其他违反证券承销业务规定的行为。

第一百九十二条　保荐人出具有虚假记载、误导性陈述或者重大遗漏的保荐书，或者不履行其他法定职责的，责令改正，给予警告，没收业务收入，并处以业务收入一倍以上五倍以下的罚款；情节严重的，暂停或者撤销相关业务许可。对直接负责的主管人员和其他直接责任人员给予警告，并处以三万元以上三十万元以下的罚款；情节严重的，撤销任职资格或者证券从业资格。

第一百九十三条　发行人、上市公司或者其他信息披露义务人未按照规定披露信息，或者所披露的信息有虚假记载、误导性陈述或者重大遗漏的，责令改正，给予警告，并处以三十万元以上六十万元以下的罚款。对直接负责的主管人员和其他直接责任人员给予警告，并处以三万元以上三十万元以下的罚款。

发行人、上市公司或者其他信息披露义务人未按照规定报送有关报告，或者报送的报告有虚假记载、误导性陈述或者重大遗漏的，责令改正，给予警告，并处以三十万元以上六十万元以下的罚款。对直接负责的主管人员和其他直接责任人员给予警告，并处以三万元以上三十万元以下的罚款。

发行人、上市公司或者其他信息披露义务人的控股股东、实际控制人指使从事前两款违法行为的，依照前两款的规定处罚。

第一百九十四条 发行人、上市公司擅自改变公开发行证券所募集资金的用途的，责令改正，对直接负责的主管人员和其他直接责任人员给予警告，并处以三万元以上三十万元以下的罚款。

发行人、上市公司的控股股东、实际控制人指使从事前款违法行为的，给予警告，并处以三十万元以上六十万元以下的罚款。对直接负责的主管人员和其他直接责任人员依照前款的规定处罚。

第一百九十五条 上市公司的董事、监事、高级管理人员、持有上市公司股份百分之五以上的股东，违反本法第四十七条的规定买卖本公司股票的，给予警告，可以并处三万元以上十万元以下的罚款。

第一百九十六条 非法开设证券交易场所的，由县级以上人民政府予以取缔，没收违法所得，并处以违法所得一倍以上五倍以下的罚款；没有违法所得或者违法所得不足十万元的，处以十万元以上五十万元以下的罚款。对直接负责的主管人员和其他直接责任人员给予警告，并处以三万元以上三十万元以下的罚款。

第一百九十七条 未经批准，擅自设立证券公司或者非法经营证券业务的，由证券监督管理机构予以取缔，没收违法所得，并处以违法所得一倍以上五倍以下的罚款；没有违法所得或者违法所得不足三十万元的，处以三十万元以上六十万元以下的罚款。对直接负责的主管人员和其他直接责任人员给予警告，并处以三万元以上三十万元以下的罚款。

第一百九十八条 违反本法规定，聘任不具有任职资格、证券从业资格的人员的，由证券监督管理机构责令改正，给予警告，可以并处十万元以上三十万元以下的罚款；对直接负责的主管人员给予警告，可以并处三万元以上十万元以下的罚款。

第一百九十九条 法律、行政法规规定禁止参与股票交易的人员，直接或者以化名、借他人名义持有、买卖股票的，责令依法处理非法持有的股票，没收违法所得，并处以买卖股票等值以下的罚款；属于国家工作人员的，还应当依法给予行政处分。

第二百条 证券交易所、证券公司、证券登记结算机构、证券服务机构的从业人员或者证券业协会的工作人员，故意提供虚假资料，隐匿、伪造、篡改或者毁损交易记录，诱骗投资者买卖证券的，撤销证券从业资格，并处以三万元以上十万元以下的罚款；属于国家工作人员的，还应当依法给予行政处分。

第二百零一条 为股票的发行、上市、交易出具审计报告、资产评估报告或者法律意见书等文件的证券服务机构和人员，违反本法第四十五条的规定买卖股票的，责令依法处理非法持有的股票，没收违法所得，并处以买卖股票等值以下的罚款。

第二百零二条 证券交易内幕信息的知情人或者非法获取内幕信息的人，在涉及证券的发行、交易或者其他对证券的价格有重大影响的信息公开前，买卖该证券，或者泄露该信息，或者建议他人买卖该证券的，责令依法处理非法持有的证券，没收违法所得，并处以违法所得一倍以上五倍以下的罚款；没有违法所得或者违法所得不足三万元的，处以三万元以上六十万元以下的罚款。单位从事内幕交易的，还应当对直接负责的主管人员和其他直接责任人员给予警告，并处以三万元以上三十万元以下的罚款。证券监督管理机构工作人员进行内幕交易的，从重处罚。

第二百零三条 违反本法规定，操纵证券市场的，责令依法处理非法持有的证券,没收违法所得,并处以违法所得一倍以上五倍以下的罚款;没有违法所得或者违法所得不足三十万元的,处以三十万元以上三百万元以下的罚款。单位操纵证券市场的,还应当对直接负责的主管人员和其他直接责任人员给予警告,并处以十万元以上六十万元以下的罚款。

第二百零四条 违反法律规定,在限制转让期限内买卖证券的,责令改正,给予警告,并处以买卖证券等值以下的罚款。对直接负责的主管人员和其他直接责任人员给予警告,并处以三万元以上三十万元以下的罚款。

第二百零五条 证券公司违反本法规定,为客户买卖证券提供融资融券的,没收违法所得,暂停或者撤销相关业务许可,并处以非法融资融券等值以下的罚款。对直接负责的主管人员和其他直接责任人员给予警告,撤销任职资格或者证券从业资格,并处以三万元以上三十万元以下的罚款。

第二百零六条 违反本法第七十八条第一款、第三款的规定,扰乱证券市场的,由证券监督管理机构责令改正,没收违法所得,并处以违法所得一倍以上五倍以下的罚款;没有违法所得或者违法所得不足三万元的,处以三万元以上二十万元以下的罚款。

第二百零七条 违反本法第七十八条第二款的规定,在证券交易活动中作出虚假陈述或者信息误导的,责令改正,处以三万元以上二十万元以下的罚款;属于国家工作人员的,还应当依法给予行政处分。

第二百零八条 违反本法规定,法人以他人名义设立账户或者利用他人账户买卖证券的,责令改正,没收违法所得,并处以违法所得一倍以上五倍以下的罚款;没有违法所得或者违法所得不足三万元的,处以三万元以上三十万元以下的罚款。对直接负责的主管人员和其他直接责任人员给予警告,并处以三万元以上十万元以下的罚款。

证券公司为前款规定的违法行为提供自己或者他人的证券交易账户的，除依照前款的规定处罚外，还应当撤销直接负责的主管人员和其他直接责任人员的任职资格或者证券从业资格。

第二百零九条　证券公司违反本法规定，假借他人名义或者以个人名义从事证券自营业务的，责令改正，没收违法所得，并处以违法所得一倍以上五倍以下的罚款；没有违法所得或者违法所得不足三十万元的，处以三十万元以上六十万元以下的罚款；情节严重的，暂停或者撤销证券自营业务许可。对直接负责的主管人员和其他直接责任人员给予警告，撤销任职资格或者证券从业资格，并处以三万元以上十万元以下的罚款。

第二百一十条　证券公司违背客户的委托买卖证券、办理交易事项，或者违背客户真实意思表示，办理交易以外的其他事项的，责令改正，处以一万元以上十万元以下的罚款。给客户造成损失的，依法承担赔偿责任。

第二百一十一条　证券公司、证券登记结算机构挪用客户的资金或者证券，或者未经客户的委托，擅自为客户买卖证券的，责令改正，没收违法所得，并处以违法所得一倍以上五倍以下的罚款；没有违法所得或者违法所得不足十万元的，处以十万元以上六十万元以下的罚款；情节严重的，责令关闭或者撤销相关业务许可。对直接负责的主管人员和其他直接责任人员给予警告，撤销任职资格或者证券从业资格，并处以三万元以上三十万元以下的罚款。

第二百一十二条　证券公司办理经纪业务，接受客户的全权委托买卖证券的，或者证券公司对客户买卖证券的收益或者赔偿证券买卖的损失作出承诺的，责令改正，没收违法所得，并处以五万元以上二十万元以下的罚款，可以暂停或者撤销相关业务许可。对直接负责的主管人员和其他直接责任人员给予警告，并处以三万元以上十万元以下的罚款，可以撤销任职资格或者证券从业资格。

第二百一十三条　收购人未按照本法规定履行上市公司收购的

公告、发出收购要约等义务的,责令改正,给予警告,并处以十万元以上三十万元以下的罚款;在改正前,收购人对其收购或者通过协议、其他安排与他人共同收购的股份不得行使表决权。对直接负责的主管人员和其他直接责任人员给予警告,并处以三万元以上三十万元以下的罚款。

第二百一十四条 收购人或者收购人的控股股东,利用上市公司收购,损害被收购公司及其股东的合法权益的,责令改正,给予警告;情节严重的,并处以十万元以上六十万元以下的罚款。给被收购公司及其股东造成损失的,依法承担赔偿责任。对直接负责的主管人员和其他直接责任人员给予警告,并处以三万元以上三十万元以下的罚款。

第二百一十五条 证券公司及其从业人员违反本法规定,私下接受客户委托买卖证券的,责令改正,给予警告,没收违法所得,并处以违法所得一倍以上五倍以下的罚款;没有违法所得或者违法所得不足十万元的,处以十万元以上三十万元以下的罚款。

第二百一十六条 证券公司违反规定,未经批准经营非上市证券的交易的,责令改正,没收违法所得,并处以违法所得一倍以上五倍以下的罚款。

第二百一十七条 证券公司成立后,无正当理由超过三个月未开始营业的,或者开业后自行停业连续三个月以上的,由公司登记机关吊销其公司营业执照。

第二百一十八条 证券公司违反本法第一百二十九条的规定,擅自设立、收购、撤销分支机构,或者合并、分立、停业、解散、破产,或者在境外设立、收购、参股证券经营机构的,责令改正,没收违法所得,并处以违法所得一倍以上五倍以下的罚款;没有违法所得或者违法所得不足十万元的,处以十万元以上六十万元以下的罚款。对直接负责的主管人员给予警告,并处以三万元以上十万元以下的罚款。

证券公司违反本法第一百二十九条的规定，擅自变更有关事项的，责令改正，并处以十万元以上三十万元以下的罚款。对直接负责的主管人员给予警告，并处以五万元以下的罚款。

第二百一十九条　证券公司违反本法规定，超出业务许可范围经营证券业务的，责令改正，没收违法所得，并处以违法所得一倍以上五倍以下的罚款；没有违法所得或者违法所得不足三十万元的，处以三十万元以上六十万元以下罚款；情节严重的，责令关闭。对直接负责的主管人员和其他直接责任人员给予警告，撤销任职资格或者证券从业资格，并处以三万元以上十万元以下的罚款。

第二百二十条　证券公司对其证券经纪业务、证券承销业务、证券自营业务、证券资产管理业务，不依法分开办理，混合操作的，责令改正，没收违法所得，并处以三十万元以上六十万元以下的罚款；情节严重的，撤销相关业务许可。对直接负责的主管人员和其他直接责任人员给予警告，并处以三万元以上十万元以下的罚款；情节严重的，撤销任职资格或者证券从业资格。

第二百二十一条　提交虚假证明文件或者采取其他欺诈手段隐瞒重要事实骗取证券业务许可的，或者证券公司在证券交易中有严重违法行为，不再具备经营资格的，由证券监督管理机构撤销证券业务许可。

第二百二十二条　证券公司或者其股东、实际控制人违反规定，拒不向证券监督管理机构报送或者提供经营管理信息和资料，或者报送、提供的经营管理信息和资料有虚假记载、误导性陈述或者重大遗漏的，责令改正，给予警告，并处以三万元以上三十万元以下的罚款，可以暂停或者撤销证券公司相关业务许可。对直接负责的主管人员和其他直接责任人员，给予警告，并处以三万元以下的罚款，可以撤销任职资格或者证券从业资格。

证券公司为其股东或者股东的关联人提供融资或者担保的，责令改正，给予警告，并处以十万元以上三十万元以下的罚款。对直接负责的主管人员和其他直接责任人员,处以三万元以上十万元以下的罚款。股东有过错的,在按照要求改正前,国务院证券监督管理机构可以限制其股东权利;拒不改正的,可以责令其转让所持证券公司股权。

第二百二十三条 证券服务机构未勤勉尽责,所制作、出具的文件有虚假记载、误导性陈述或者重大遗漏的,责令改正,没收业务收入,暂停或者撤销证券服务业务许可,并处以业务收入一倍以上五倍以下的罚款。对直接负责的主管人员和其他直接责任人员给予警告,撤销证券从业资格,并处以三万元以上十万元以下的罚款。

第二百二十四条 违反本法规定,发行、承销公司债券的,由国务院授权的部门依照本法有关规定予以处罚。

第二百二十五条 上市公司、证券公司、证券交易所、证券登记结算机构、证券服务机构,未按照有关规定保存有关文件和资料的,责令改正,给予警告,并处以三万元以上三十万元以下的罚款;隐匿、伪造、篡改或者毁损有关文件和资料的,给予警告,并处以三十万元以上六十万元以下的罚款。

第二百二十六条 未经国务院证券监督管理机构批准,擅自设立证券登记结算机构的,由证券监督管理机构予以取缔,没收违法所得,并处以违法所得一倍以上五倍以下的罚款。

投资咨询机构、财务顾问机构、资信评级机构、资产评估机构、会计师事务所未经批准,擅自从事证券服务业务的,责令改正,没收违法所得,并处以违法所得一倍以上五倍以下的罚款。

证券登记结算机构、证券服务机构违反本法规定或者依法制定的业务规则的,由证券监督管理机构责令改正,没收违法所得,并处以违法所得一倍以上五倍以下的罚款;没有违法所得或者违法所得不足十万元的,处以十万元以上三十万元以下的罚款;情节严重的,责令关闭或者撤销证券服务业务许可。

第二百二十七条　国务院证券监督管理机构或者国务院授权的部门有下列情形之一的，对直接负责的主管人员和其他直接责任人员，依法给予行政处分：

　　（一）对不符合本法规定的发行证券、设立证券公司等申请予以核准、批准的；

　　（二）违反规定采取本法第一百八十条规定的现场检查、调查取证、查询、冻结或者查封等措施的；

　　（三）违反规定对有关机构和人员实施行政处罚的；

　　（四）其他不依法履行职责的行为。

　　第二百二十八条　证券监督管理机构的工作人员和发行审核委员会的组成人员，不履行本法规定的职责，滥用职权、玩忽职守，利用职务便利牟取不正当利益，或者泄露所知悉的有关单位和个人的商业秘密的，依法追究法律责任。

　　第二百二十九条　证券交易所对不符合本法规定条件的证券上市申请予以审核同意的，给予警告，没收业务收入，并处以业务收入一倍以上五倍以下的罚款。对直接负责的主管人员和其他直接责任人员给予警告，并处以三万元以上三十万元以下的罚款。

　　第二百三十条　拒绝、阻碍证券监督管理机构及其工作人员依法行使监督检查、调查职权未使用暴力、威胁方法的，依法给予治安管理处罚。

　　第二百三十一条　违反本法规定，构成犯罪的，依法追究刑事责任。

　　第二百三十二条　违反本法规定，应当承担民事赔偿责任和缴纳罚款、罚金，其财产不足以同时支付时，先承担民事赔偿责任。

　　第二百三十三条　违反法律、行政法规或者国务院证券监督管理机构的有关规定，情节严重的，国务院证券监督管理机构可以对有关责任人员采取证券市场禁入的措施。

　　前款所称证券市场禁入，是指在一定期限内直至终身不得从事证券业务或者不得担任上市公司董事、监事、高级管理人员的制度。

第二百三十四条 依照本法收缴的罚款和没收的违法所得，全部上缴国库。

第二百三十五条 当事人对证券监督管理机构或者国务院授权的部门的处罚决定不服的，可以依法申请行政复议，或者依法直接向人民法院提起诉讼。

第十二章 附 则

第二百三十六条 本法施行前依照行政法规已批准在证券交易所上市交易的证券继续依法进行交易。

本法施行前依照行政法规和国务院金融行政管理部门的规定经批准设立的证券经营机构，不完全符合本法规定的，应当在规定的限期内达到本法规定的要求。具体实施办法，由国务院另行规定。

第二百三十七条 发行人申请核准公开发行股票、公司债券，应当按照规定缴纳审核费用。

第二百三十八条 境内企业直接或者间接到境外发行证券或者将其证券在境外上市交易，必须经国务院证券监督管理机构依照国务院的规定批准。

第二百三十九条 境内公司股票以外币认购和交易的，具体办法由国务院另行规定。

第二百四十条 本法自2006年1月1日起施行。

附 录

证券市场禁入规定

中国证券监督管理委员会令

第 115 号

《关于修改〈证券市场禁入规定〉的决定》已经 2015 年 3 月 2 日中国证券监督管理委员会第 79 次主席办公会审议通过，现予公布，自 2015 年 6 月 22 日起施行。

中国证券监督管理委员会主席
2015 年 5 月 18 日

(2006 年 3 月 7 日中国证券监督管理委员会第 173 次主席办公会议审议通过；根据 2015 年 5 月 18 日中国证券监督管理委员会《关于修改〈证券市场禁入规定〉的决定》修订)

第一条 为了维护证券市场秩序，保护投资者合法权益和社会公众利益，促进证券市场健康稳定发展，根据《中华人民共和国证券法》等法律、行政法规，制定本规定。

第二条 中国证券监督管理委员会（以下简称中国证监会）对违反法律、行政法规或者中国证监会有关规定的有关责任人员采取证券市场禁入措施,以事实为依据,遵循公开、公平、公正的原则。

第三条 下列人员违反法律、行政法规或者中国证监会有关规定,情节严重的,中国证监会可以根据情节严重的程度,采取证券市场禁入措施:

(一)发行人、上市公司、非上市公众公司的董事、监事、高级管理人员,其他信息披露义务人或者其他信息披露义务人的董事、监事、高级管理人员;

(二)发行人、上市公司、非上市公众公司的控股股东、实际控制人,或者发行人、上市公司、非上市公众公司控股股东、实际控制人的董事、监事、高级管理人员;

(三)证券公司的董事、监事、高级管理人员及其内设业务部门负责人、分支机构负责人或者其他证券从业人员;

(四)证券公司的控股股东、实际控制人或者证券公司控股股东、实际控制人的董事、监事、高级管理人员;

(五)证券服务机构的董事、监事、高级管理人员等从事证券服务业务的人员和证券服务机构的实际控制人或者证券服务机构实际控制人的董事、监事、高级管理人员;

(六)证券投资基金管理人、证券投资基金托管人的董事、监事、高级管理人员及其内设业务部门、分支机构负责人或者其他证券投资基金从业人员;

(七)中国证监会认定的其他违反法律、行政法规或者中国证监会有关规定的有关责任人员。

第四条 被中国证监会采取证券市场禁入措施的人员,在禁入期间内,除不得继续在原机构从事证券业务或者担任原上市公司、非上市公众公司董事、监事、高级管理人员职务外,也不得在其他任何机构中从事证券业务或者担任其他上市公司、非上市公众公司董事、监事、高级管理人员职务。

被采取证券市场禁入措施的人员,应当在收到中国证监会作出的证券市场禁入决定后立即停止从事证券业务或者停止履行上市公司、非上市公众公司董事、监事、高级管理人员职务,并由其所在机构按规定的程序解除其被禁止担任的职务。

第五条 违反法律、行政法规或者中国证监会有关规定,情节严重的,可以对有关责任人员采取 3 至 5 年的证券市场禁入措施;行为恶劣、严重扰乱证券市场秩序、严重损害投资者利益或者在重大违法活动中起主要作用等情节较为严重的,可以对有关责任人员采取 5 至 10 年的证券市场禁入措施;有下列情形之一的,可以对有关责任人员采取终身的证券市场禁入措施:

(一)严重违反法律、行政法规或者中国证监会有关规定,构成犯罪的;

(二)从事保荐、承销、资产管理、融资融券等证券业务及其他证券服务业务,负有法定职责的人员,故意不履行法律、行政法规或者中国证监会规定的义务,并造成特别严重后果的;

(三)违反法律、行政法规或者中国证监会有关规定,采取隐瞒、编造重要事实等特别恶劣手段,或者涉案数额特别巨大的;

(四)违反法律、行政法规或者中国证监会有关规定,从事欺诈发行、内幕交易、操纵市场等违法行为,严重扰乱证券、期货市场秩序并造成严重社会影响,或者获取违法所得等不当利益数额特别巨大,或者致使投资者利益遭受特别严重损害的;

(五)违反法律、行政法规或者中国证监会有关规定,情节严重,应当采取证券市场禁入措施,且存在故意出具虚假重要证据、隐瞒、毁损重要证据等阻碍、抗拒证券监督管理机构及其工作人员依法行使监督检查、调查职权行为的;

(六)因违反法律、行政法规或者中国证监会有关规定,5 年内被中国证监会给予除警告之外的行政处罚 3 次以上,或者 5 年内曾经被采取证券市场禁入措施的;

（七）组织、策划、领导或者实施重大违反法律、行政法规或者中国证监会有关规定的活动的；

（八）其他违反法律、行政法规或者中国证监会有关规定，情节特别严重的。

第六条 违反法律、行政法规或者中国证监会有关规定，情节严重的，可以单独对有关责任人员采取证券市场禁入措施，或者一并依法进行行政处罚；涉嫌犯罪的，依法移送公安机关、人民检察院，并可同时采取证券市场禁入措施。

第七条 有下列情形之一的，可以对有关责任人员从轻、减轻或者免予采取证券市场禁入措施：

（一）主动消除或者减轻违法行为危害后果的；

（二）配合查处违法行为有立功表现的；

（三）受他人指使、胁迫有违法行为，且能主动交待违法行为的；

（四）其他可以从轻、减轻或者免予采取证券市场禁入措施的。

第八条 共同违反法律、行政法规或者中国证监会有关规定，需要采取证券市场禁入措施的，对负次要责任的人员，可以比照应负主要责任的人员，适当从轻、减轻或者免予采取证券市场禁入措施。

第九条 中国证监会采取证券市场禁入措施前，应当告知当事人采取证券市场禁入措施的事实、理由及依据，并告知当事人有陈述、申辩和要求举行听证的权利。

第十条 被采取证券市场禁入措施者因同一违法行为同时被认定有罪或者进行行政处罚的，如果对其所作有罪认定或行政处罚决定被依法撤销或者变更，并因此影响证券市场禁入措施的事实基础或者合法性、适当性的，依法撤销或者变更证券市场禁入措施。

第十一条 被中国证监会采取证券市场禁入措施的人员，中国证监会将通过中国证监会网站或指定媒体向社会公布,并记入被认定为证券市场禁入者的诚信档案。

第十二条 中国证监会依法宣布个人或者单位的直接责任人员为期货市场禁止进入者的,可以参照本规定执行。

第十三条 本规定自2006年7月10日起施行。1997年3月3日中国证监会发布施行的《证券市场禁入暂行规定》(证监〔1997〕7号)同时废止。

关于清理整顿违法从事证券业务活动的意见

中国证券监督管理委员会公告

〔2015〕19号

现公布《关于清理整顿违法从事证券业务活动的意见》，自公布之日起施行。

中国证监会

2015年7月12日

一段时期以来，部分机构和个人借助信息系统为客户开立虚拟证券账户，借用他人证券账户、出借本人证券账户等，代理客户买卖证券，违反了《证券法》、《证券公司监督管理条例》关于证券账户实名制、未经许可从事证券业务的规定，损害了投资者合法权益，严重扰乱了股票市场秩序。近日随着市场回稳，这些违法现象又出现了卷土重来的势头，可能再次危及股票市场平稳运行，必须予以清理整顿。现就有关事项提出如下意见：

一、各证监局应当按照中国证监会《关于加强证券公司信息系统外部接入管理的通知》（证监办发〔2015〕35号）要求，督促证券公司规范信息系统外部接入行为，并于2015年7月底前后完成对证券公司自查情况的核实工作。

中国证券业协会从2015年8月份开始，依据其《证券公司外部接入信息系统评估认证规范》，认真开展相关评估认证工作。

二、中国证券登记结算公司应当按照《证券法》第一百六十六条的规定，严格落实证券账户实名制，进一步加强证券账户管理，强化对特殊机构账户开立和使用情况的检查，严禁账户持有人通过证券账户下设子账户、分账户、虚拟账户等方式违规进行证券交易。

三、各证券公司应当按照《证券公司监督管理条例》第二十八条的规定以及证券账户管理规则，在为客户开立证券账户时，对客户申报的姓名或者名称、身份的真实性进行审查，保证同一客户开立的资金账户和证券账户的姓名或者名称一致。证券公司不得将客户的资金账户、证券账户提供给他人使用。对通过外部接入信息系统买卖证券情形，证券公司应当严格审查客户身份的真实性、交易账户及交易操作的合规性，防范任何机构或者个人借用本公司证券交易通道违法从事交易活动。

四、信息技术服务机构等相关方，直接或者间接违法从事证券活动的，应当清理整顿。中国证监会《关于加强证券公司信息系统外部接入管理的通知》发布前的存量可以持续运行，按照有关规定逐步规范，但不得新增客户、账户和资产。

五、证券投资者应当按照法律法规和中国证监会的有关规定，严格遵守证券账户实名制要求开立证券账户。任何机构和个人不得出借自己的证券账户，不得借用他人证券账户买卖证券。

六、对违法从事证券活动的行为，中国证监会将依法查处；涉嫌犯罪的，依法移送公安机关。

七、本意见自公布之日起施行。

最高人民法院 中国证券监督管理委员会关于试点法院通过网络查询、冻结被执行人证券有关事项的通知

法〔2016〕72号

北京、上海、浙江、福建、广东省（市）高级人民法院，中国证券登记结算有限责任公司，北京、上海、浙江、福建、广东证监局：

为协助人民法院提高执行效率、依法保护被执行人合法权益，最高人民法院、中国证券监督管理委员会（以下简称中国证监会）决定建立网络执行查控系统，开展人民法院通过网络查询、冻结被执行人证券的试点工作。现将有关事项通知如下：

一、建立网络查控工作机制

最高人民法院与中国证监会建立"总对总"的网络执行查控工作机制。最高人民法院和中国证监会负责协调解决建立网络执行查控系统及网络查控试点阶段有关的重大问题。建立和通过网络执行查控系统查询、冻结证券的具体工作由最高人民法院执行局和中国证券登记结算有限责任公司（以下简称中国结算）负责。

中国结算与最高人民法院之间建立网络查控专线联接。试点法院通过最高人民法院网络执行查控系统提出查询、冻结（含初次冻结、续冻、轮候冻结、解除冻结）被执行人证券的请求。中国结算按照人民法院的请求完成相应的协助执行事项，并将查询、冻结结果反馈最高人民法院。最高人民法院通过网络执行查控系统将查询、冻结结果反馈提出查询、冻结请求的试点法院。

二、坚持依法查控、依法保密原则

人民法院通过网络执行查控系统查询、冻结被执行人证券的，

应当坚持"一案一查一冻一用原则",即只查询、冻结执行案件中被执行人证券及相关信息,不得查询、冻结被执行人以外的非执行义务主体的证券及相关信息;查询、冻结所获被执行人证券相关信息只用于该案件的执行工作,不得用于该案件执行以外的其他任何用途。

人民法院应当将所获得的被执行人证券相关信息作为内部办案信息予以保护,做好信息处理、传输、接收、使用中的信息保护工作,切实防范相关信息被违规泄露、扩散。

被执行人持有证券的市值总额信息可以提供给申请执行人等与案件执行直接相关的人员,但被执行人持有证券的品种、数量、价格等敏感、明细信息的反馈结果不得提供给法院办案人员以外的其他任何人。

网络查控涉及的与被执行人证券信息有关的单位和个人,应当遵守证券市场有关信息披露、禁止内幕交易等法律法规和业务规则。

三、规范冻结执行顺序及执行争议的处理

人民法院通过网络执行查控系统提交的冻结请求,同一批次冻结请求以系统提交时的自然排序作为执行顺序,不同批次冻结请求之间以系统提交的时间先后作为执行顺序。

在同一交易日,对同一被执行人的证券,既有法定有权机关通过证券公司或者中国结算的业务柜台提交冻结或者扣划请求,又有人民法院通过网络执行查控系统提交冻结请求的,以人民法院通过网络执行查控系统提交的冻结请求排序作为当日最后到达的冻结请求。

人民法院通过网络执行查控系统提交的冻结被执行人证券的请求,与其他法定有权机关的书面冻结请求具有同等法律效力,适用《最高人民法院 最高人民检察院 公安部 中国证监会关于查询、冻结、扣划证券和证券交易结算资金有关问题的通知》(法发

〔2008〕4号）关于冻结的有关规定。本通知有关人民法院通过网络查询、冻结被执行人证券的相关规定与法发〔2008〕4号文件规定不一致的，以本通知为准。

人民法院与其他法定有权机关就执行被执行人证券产生争议的，由最高人民法院与最高人民检察院、公安部等依法协调解决。争议协调解决期间，中国结算控制发生执行争议的相关证券，不协助任何一方执行。争议协调解决完成，中国结算按照最高人民法院与最高人民检察院、公安部等协商的最终结论处理。

人民法院在查询、冻结被执行人证券的具体执行工作中，应当符合中国结算依法制定的协助执行有关业务规则，维护证券登记结算系统的安全稳定运行、维护登记结算工作的正常秩序。

四、提交有效、规范的法律文书

人民法院通过网络执行查控系统查询、冻结被执行人证券的，应当分别提交盖章的协助查询通知书、协助冻结通知书和执行裁定书的电子版，并附两名执行人员公务证件复印件的扫描件。

五、规范查询、冻结的具体操作

人民法院应当在中国结算相关业务系统工作时间内通过网络执行查控系统提交协助查询、冻结请求。

人民法院应当按照网络执行查控系统规定的相关项目和格式，准确、完整地填写查询、冻结请求及相关信息，做到查询、冻结请求明确、具体、可执行。

中国结算接收到人民法院通过网络执行查控系统提交的协助查询、冻结请求后进行合规性核对。核对无误的，协助查询、冻结并通过网络执行查控系统将协助查询、冻结的结果反馈最高人民法院；核对后存在查询、冻结请求不明确、不具体、不可执行等情形的，予以退回并提示退回原因。人民法院可以在补充完善后重新发出查询、冻结请求，相关冻结请求按照再次提交的时间重新排序。

法律、行政法规以及最高人民法院、中国证监会规定不得被强制执行的证券或者资金，依法依规不予实施冻结，并在查询结果中予以标识。此类不予实施冻结的证券或者资金，由中国结算负责依据有关规定在网络执行查控系统中以清单方式具体列明，并根据有关规定的变动及时更新。

通过网络执行查控系统查询、冻结被执行人证券的具体范围、法律文书必备要素和格式、查控系统工作时间段等具体事项，由最高人民法院执行局与中国结算商定后另行规定。

六、网络查控系统技术安全保障及故障处理

网络执行查控系统与中国结算的证券登记结算业务技术系统之间应当实现有效隔离，确保各自技术系统的运行安全，切实防范各自技术系统的运行风险。

因技术故障导致网络执行查控系统无法正常运行的，发现故障一方应当立即通知另一方，故障一方应当及时排除故障。因技术系统故障或者不可抗力而未能及时办理查询、冻结请求的，最高人民法院执行局与中国结算均不承担任何法律责任。

七、试点工作相关安排

通过网络查询、冻结被执行人证券的试点区域包括北京、上海、浙江、福建、广东等省、市高级人民法院及其辖区各级人民法院。

试点期间，网络执行查控系统先上线开通查询被执行人证券信息的功能。经过一段时间的查询试点，待条件成熟后，再行上线开展通过网络冻结被执行人证券的试点工作。网络执行查控系统查询、冻结功能上线开通的具体时间由最高人民法院执行局与中国结算另行通知。

经过试点，待条件成熟后，将网络查控工作机制推广到其他地区。

最高人民法院
中国证券监督管理委员会
2016 年 3 月 4 日

中国人民银行 国家外汇管理局关于人民币合格境外机构投资者境内证券投资管理有关问题的通知

银发〔2016〕227号

中国人民银行上海总部，各分行、营业管理部，各省会（首府）城市中心支行，各副省级城市中心支行；国家外汇管理局各省、自治区、直辖市分局、外汇管理部，计划单列市分局；国家开发银行，各政策性银行、国有商业银行、股份制商业银行，中国邮政储蓄银行：

为规范人民币合格境外机构投资者（以下简称人民币合格投资者）境内证券投资管理，根据《人民币合格境外机构投资者境内证券投资试点办法》（中国证券监督管理委员会 中国人民银行 国家外汇管理局第90号令）及相关规定，现就有关问题通知如下：

一、中国人民银行、国家外汇管理局及其分支机构依法对人民币合格投资者境内证券投资的投资额度（以下简称投资额度）、资金账户、资金收付等实施监督、管理和检查。

二、经中国证券监督管理委员会（以下简称证监会）许可投资境内证券市场的人民币合格投资者，应当委托其境内托管人（以下简称托管人）代为办理本通知所要求的相关手续。

同一人民币合格投资者可委托不超过三家托管人。委托多家托管人的，应指定一家托管人作为主报告人（仅有一家托管人的默认托管人为主报告人），负责代其统一办理投资额度备案和审批申请、主体信息登记等事项。

三、国家外汇管理局对单家人民币合格投资者投资额度实行备案或审批管理。

人民币合格投资者在取得证监会资格许可后，可通过备案的形式，获取不超过其资产规模或其管理的证券资产规模（以下统称资产规模）一定比例的投资额度（以下简称基础额度）；超过基础额度的投资额度申请，应当经国家外汇管理局批准。

境外主权基金、央行及货币当局等机构的投资额度不受资产规模比例限制，可根据其投资境内证券市场的需要获取相应的投资额度，实行备案管理。

四、人民币合格投资者基础额度标准如下：

（一）人民币合格投资者或其所属集团的资产（或管理的资产）主要在中国境外的，计算公式为：等值1亿美元+近三年平均资产规模*0.2%-已获取的合格境外机构投资者额度（折合人民币计算，以下简称QFII额度）。

（二）人民币合格投资者或其所属集团的资产（或管理的资产）主要在中国境内的，计算公式为：50亿元人民币+上年度资产规模*80%-已获取的QFII额度（折合人民币计算）。

以上汇率折算参照申请之日上月国家外汇管理局公布的各种货币对美元折算率计算。

中国人民银行、国家外汇管理局可综合考虑国际收支、资本市场发展及开放等因素，对上述标准进行调整。

五、人民币合格投资者基础额度内的投资额度备案，应当向主报告人提交以下材料：

（一）投资额度备案的情况说明，并填写《人民币合格境外机构投资者登记表》（见附件1）。

（二）经审计的人民币合格投资者近三年或上年度资产负债表（或管理的证券资产规模的审计报告等）。

（三）证监会资格许可证明文件复印件。

主报告人应认真履行职责，严格审核人民币合格投资者资产规模、已获取的QFII额度等证明性材料，并根据人民币合格投资者或其所属集团资产境内外分布情况,按标准准确核实其基础额度及拟备案的投资额度后,于每月 10 日前,将人民币合格投资者投资额度备案材料集中报国家外汇管理局备案(格式见附件2)。国家外汇管理局确认后将备案信息反馈给主报告人。

六、人民币合格投资者超过基础额度的投资额度申请,应通过主报告人向国家外汇管理局提交以下材料:

(一)主报告人及人民币合格投资者书面申请,详细说明增加额度的理由以及现有投资额度使用情况。

(二)人民币合格投资者有关托管人备案信息(格式见附件3)。

(三)经审计的人民币合格投资者近三年或上年度资产负债表(或管理的证券资产规模的审计报告等)。

(四)国家外汇管理局要求的其他材料。

人民币合格投资者应做好主报告人与其他托管人之间的额度分配,切实履行额度管理有关要求。

国家外汇管理局将定期在其政府网站(www.safe.gov.cn)公告人民币合格投资者投资额度情况。

七、本通知下发前已取得投资额度的人民币合格投资者,若提出增加投资额度申请,按以下程序办理:

(一)已取得的投资额度未超过基础额度的:若已取得的投资额度加上申请增加的投资额度之和仍未超过基础额度,按本规定第五条要求办理备案手续;若已取得的额度加上申请增加的投资额度超过基础额度,按本规定第六条要求报国家外汇管理局批准。

(二)已获批的投资额度超过基础额度的,按本规定第六条要求报国家外汇管理局批准。

八、人民币合格投资者投资额度实行余额管理。即:人民币合格投资者累计净汇入资金不得超过经备案或批准的投资额度。

九、除开放式基金外,人民币合格投资者其他产品(或资金)投资本金锁定期为3个月。本金锁定期自人民币合格投资者累计汇人投资本金达到 1 亿元人民币之日起计算。

上述所称本金锁定期是指禁止人民币合格投资者将投资本金汇出境外的期限。

十、人民币合格投资者不得以任何形式转卖、转让投资额度给其他机构和个人使用。

人民币合格投资者投资额度自备案或批准之日起 1 年未能有效使用的，国家外汇管理局有权收回全部或部分未使用的投资额度。

十一、人民币合格投资者应根据《境外机构人民币银行结算账户管理办法》（银发〔2010〕249 号文印发）、《中国人民银行关于境外机构人民币银行结算账户开立和使用有关问题的通知》（银发〔2012〕183 号）等规定，开立一个境外机构人民币基本存款账户。

人民币合格投资者开立人民币基本存款账户后，应当选择具有合格境外机构投资者托管人资格的境内商业银行开立交易所证券市场交易资金结算专用存款账户和银行间债券市场交易资金结算专用存款账户，分别用于投资交易所证券市场和银行间债券市场。人民币合格投资者参与股指期货交易的，可以在期货保证金存管银行开立专门用于股指期货保证金结算的专用存款账户。

人民币合格投资者开立上述账户时，应当区分自有资金和由其提供资产管理服务的客户资金，并分别开立账户；设立开放式基金的，每只开放式基金应当单独开户。

十二、人民币合格投资者开立专用存款账户应当提供以下材料：

（一）证监会关于人民币合格投资者资格许可证明文件复印件。

（二）国家外汇管理局额度备案信息或批复文件。

（三）托管银行的托管资格书面文件。

（四）人民币合格投资者与托管银行的托管协议。

（五）中国人民银行要求的其他文件。

人民币合格投资者投资银行间债券市场参照中国人民银行公告〔2016〕第 3 号的有关规定执行。人民币合格投资者开立银行间债券市场交易资金结算专用存款账户的，还需同时提供进入银行间债券市场的备案通知书以及托管人的银行间债券市场结算代理资格许可书面文件。

十三、人民币合格投资者专用存款账户的收入范围是：人民币合格投资者从境外汇入的投资本金、出售证券所得、现金股利、利息收入、从依据本通知开立的其他专用存款账户划入的资金及中国人民银行和国家外汇管理局规定的其他收入。

人民币合格境外机构投资者专用存款账户的支出范围是：买入证券支付的价款、汇出本金和投资收益、支付投资相关税费、划出至依据本通知开立的其他专用存款账户的资金及中国人民银行和国家外汇管理局规定的其他支出。

十四、未经批准，人民币合格投资者专用存款账户与其境内其他账户之间不得划转资金；自有资金、客户资金和每只开放式基金账户之间不得划转资金。

未经批准，人民币合格投资者专用存款账户内的资金不得用于境内证券投资以外的其他目的。人民币合格投资者专用存款账户不得支取现金。

十五、人民币合格投资者依据本通知开立的银行结算账户内的资金存款利率，按照中国人民银行有关规定执行。

十六、人民币合格投资者有下列情形之一的，应在 1 个月内变现资产并关闭其账户，其相应的投资额度同时作废：

（一）证监会已撤销其资格许可。

（二）国家外汇管理局依法取消人民币合格投资者投资额度。

（三）中国人民银行、国家外汇管理局规定的其他情形。

十七、人民币合格投资者发起设立的开放式基金，可由托管人根据申购或赎回的轧差净额，每日为其办理相应的人民币汇入、汇出境外的手续。其他产品或资金可在锁定期结束后，委托托管人办理有关资金汇出入手续。

人民币合格投资者如需汇出已实现的累计收益，托管人可凭人民币合格投资者书面申请或指令、中国注册会计师出具的投资收益专项审计报告、完税或税务备案证明（若有）等，为其办理相关资金汇出手续。

十八、托管人在为人民币合格投资者办理资金汇出入时，应对相应的资金收付进行真实性与合规性审查，并切实履行反洗钱和反恐怖融资义务。

十九、人民币合格投资者应在首次获得投资额度之日起10个工作日内，通过主报告人，向主报告人所在地外汇管理部门申请特殊机构赋码并办理人民币合格投资者主体信息登记。因办理其他跨境或外汇收支业务已经获得特殊机构赋码的，无需重复申请。

托管人应按照《国家外汇管理局关于调整合格机构投资者数据报送方式的通知》（汇发〔2015〕45号）的要求，报送人民币合格投资者相关的监管和统计数据。

二十、人民币合格投资者有下列情形之一的，主报告人应在5个工作日内向国家外汇管理局申请办理变更登记：

（一）人民币合格投资者名称、托管人等重要信息发生变更的。

（二）中国人民银行、国家外汇管理局规定的其他情形。

人民币合格投资者变更主报告人的，由新的主报告人负责为其办理变更登记手续。

人民币合格投资者或其主要股东、实际控制人受到其他监管部门（含境外）重大处罚，会对人民币合格投资者投资运作造成重大影响或相关业务资格被暂停或取消的，主报告人应及时向中国人民银行和国家外汇管理局报告。

二十一、托管人应当在业务发生之日起5个工作日内，向人民币跨境收付信息管理系统报送人民币合格投资者账户开销户信息，投资额度、资金跨境收付信息，以及境内证券投资资产配置情况信息等。

二十二、本通知要求报送的材料为中文文本。同时具有外文和中文译文的，以中文文本为准。

二十三、本通知自发布之日起实施，《中国人民银行关于实施〈人民币合格境外机构投资者境内证券投资试点办法〉有关事项的通知》（银发〔2013〕105号）、《国家外汇管理局关于人民币合格境外机构投资者境内证券投资试点有关问题的通知》（汇发〔2013〕9号）和《国家外汇管理局资本项目管理司关于发布〈人民币合格境外机构投资者额度管理操作指引〉的通知》（汇资函〔2014〕2号）同时废止。

附件：1. 人民币合格境外机构投资者登记表（略）
2. 投资额度备案表（略）
3. 人民币合格境外机构投资者托管人信息备案表（略）

中国人民银行
国家外汇管理局
2016年8月30日

证券期货投资者适当性管理办法

中国证券监督管理委员会令

第 130 号

《证券期货投资者适当性管理办法》已经 2016 年 5 月 26 日中国证券监督管理委员会 2016 年第 7 次主席办公会议审议通过,现予公布,自 2017 年 7 月 1 日起施行。

中国证券监督管理委员会主席
2016 年 12 月 12 日

第一条 为了规范证券期货投资者适当性管理,维护投资者合法权益,根据《证券法》《证券投资基金法》《证券公司监督管理条例》《期货交易管理条例》及其他相关法律、行政法规,制定本办法。

第二条 向投资者销售公开或者非公开发行的证券、公开或者非公开募集的证券投资基金和股权投资基金(包括创业投资基金,以下简称基金)、公开或者非公开转让的期货及其他衍生产品,或者为投资者提供相关业务服务的,适用本办法。

第三条 向投资者销售证券期货产品或者提供证券期货服务的机构(以下简称经营机构)应当遵守法律、行政法规、本办法及其他有关规定,在销售产品或者提供服务的过程中,勤勉尽责,审慎履职,全面了解投资者情况,深入调查分析产品或者服务信息,科学有效评估,充分揭示风险,基于投资者的不同风险承受能力以及产品或者服务的不同风险等级等因素,提出明确的适当性匹配意见,将适当的产品或者服务销售或者提供给适合的投资者,并对违法违规行为承担法律责任。

第四条 投资者应当在了解产品或者服务情况，听取经营机构适当性意见的基础上，根据自身能力审慎决策，独立承担投资风险。

经营机构的适当性匹配意见不表明其对产品或者服务的风险和收益做出实质性判断或者保证。

第五条 中国证券监督管理委员会（以下简称中国证监会）及其派出机构依照法律、行政法规、本办法及其他相关规定，对经营机构履行适当性义务进行监督管理。

证券期货交易场所、登记结算机构及中国证券业协会、中国期货业协会、中国证券投资基金业协会（以下统称行业协会）等自律组织对经营机构履行适当性义务进行自律管理。

第六条 经营机构向投资者销售产品或者提供服务时，应当了解投资者的下列信息：

（一）自然人的姓名、住址、职业、年龄、联系方式，法人或者其他组织的名称、注册地址、办公地址、性质、资质及经营范围等基本信息；

（二）收入来源和数额、资产、债务等财务状况；

（三）投资相关的学习、工作经历及投资经验；

（四）投资期限、品种、期望收益等投资目标；

（五）风险偏好及可承受的损失；

（六）诚信记录；

（七）实际控制投资者的自然人和交易的实际受益人；

（八）法律法规、自律规则规定的投资者准入要求相关信息；

（九）其他必要信息。

第七条 投资者分为普通投资者与专业投资者。

普通投资者在信息告知、风险警示、适当性匹配等方面享有特别保护。

第八条 符合下列条件之一的是专业投资者：

（一）经有关金融监管部门批准设立的金融机构，包括证券公司、期货公司、基金管理公司及其子公司、商业银行、保险公司、信托公司、财务公司等；经行业协会备案或者登记的证券公司子公司、期货公司子公司、私募基金管理人。

（二）上述机构面向投资者发行的理财产品，包括但不限于证券公司资产管理产品、基金管理公司及其子公司产品、期货公司资产管理产品、银行理财产品、保险产品、信托产品、经行业协会备案的私募基金。

（三）社会保障基金、企业年金等养老基金，慈善基金等社会公益基金，合格境外机构投资者（QFII）、人民币合格境外机构投资者（RQFII）。

（四）同时符合下列条件的法人或者其他组织：

1. 最近1年末净资产不低于2000万元；

2. 最近1年末金融资产不低于1000万元；

3. 具有2年以上证券、基金、期货、黄金、外汇等投资经历。

（五）同时符合下列条件的自然人：

1. 金融资产不低于500万元，或者最近3年个人年均收入不低于50万元；

2. 具有2年以上证券、基金、期货、黄金、外汇等投资经历，或者具有2年以上金融产品设计、投资、风险管理及相关工作经历，或者属于本条第（一）项规定的专业投资者的高级管理人员、获得职业资格认证的从事金融相关业务的注册会计师和律师。

前款所称金融资产，是指银行存款、股票、债券、基金份额、资产管理计划、银行理财产品、信托计划、保险产品、期货及其他衍生产品等。

第九条 经营机构可以根据专业投资者的业务资格、投资实力、投资经历等因素，对专业投资者进行细化分类和管理。

第十条 专业投资者之外的投资者为普通投资者。

经营机构应当按照有效维护投资者合法权益的要求，综合考虑收入来源、资产状况、债务、投资知识和经验、风险偏好、诚信状况等因素，确定普通投资者的风险承受能力，对其进行细化分类和管理。

第十一条 普通投资者和专业投资者在一定条件下可以互相转化。

符合本办法第八条第（四）、（五）项规定的专业投资者，可以书面告知经营机构选择成为普通投资者，经营机构应当对其履行相应的适当性义务。

符合下列条件之一的普通投资者可以申请转化成为专业投资者，但经营机构有权自主决定是否同意其转化：

（一）最近1年末净资产不低于1000万元，最近1年末金融资产不低于500万元，且具有1年以上证券、基金、期货、黄金、外汇等投资经历的除专业投资者外的法人或其他组织；

（二）金融资产不低于300万元或者最近3年个人年均收入不低于30万元，且具有1年以上证券、基金、期货、黄金、外汇等投资经历或者1年以上金融产品设计、投资、风险管理及相关工作经历的自然人投资者。

第十二条 普通投资者申请成为专业投资者应当以书面形式向经营机构提出申请并确认自主承担可能产生的风险和后果，提供相关证明材料。

经营机构应当通过追加了解信息、投资知识测试或者模拟交易等方式对投资者进行谨慎评估，确认其符合前条要求，说明对不同类别投资者履行适当性义务的差别，警示可能承担的投资风险，告知申请的审查结果及其理由。

第十三条 经营机构应当告知投资者，其根据本办法第六条规定所提供的信息发生重要变化、可能影响分类的，应及时告知经营机构。经营机构应当建立投资者评估数据库并及时更新，充分使用已了解信息和已有评估结果，避免重复采集，提高评估效率。

第十四条 中国证监会、自律组织在针对特定市场、产品或者服务制定规则时，可以考虑风险性、复杂性以及投资者的认知难度等因素，从资产规模、收入水平、风险识别能力和风险承担能力、投资认购最低金额等方面，规定投资者准入要求。投资者准入要求包含资产指标的，应当规定投资者在购买产品或者接受服务前一定时期内符合该指标。

现有市场、产品或者服务规定投资者准入要求的，应当符合前款规定。

第十五条 经营机构应当了解所销售产品或者所提供服务的信息，根据风险特征和程度，对销售的产品或者提供的服务划分风险等级。

第十六条 划分产品或者服务风险等级时应当综合考虑以下因素：

（一）流动性；

（二）到期时限；

（三）杠杆情况；

（四）结构复杂性；

（五）投资单位产品或者相关服务的最低金额；

（六）投资方向和投资范围；

（七）募集方式；

（八）发行人等相关主体的信用状况；

（九）同类产品或者服务过往业绩；

（十）其他因素。

涉及投资组合的产品或者服务，应当按照产品或者服务整体风险等级进行评估。

第十七条 产品或者服务存在下列因素的，应当审慎评估其风险等级：

（一）存在本金损失的可能性，因杠杆交易等因素容易导致本金大部分或者全部损失的产品或者服务；

（二）产品或者服务的流动变现能力，因无公开交易市场、参与投资者少等因素导致难以在短期内以合理价格顺利变现的产品或者服务；

（三）产品或者服务的可理解性，因结构复杂、不易估值等因素导致普通人难以理解其条款和特征的产品或者服务；

（四）产品或者服务的募集方式，涉及面广、影响力大的公募产品或者相关服务；

（五）产品或者服务的跨境因素，存在市场差异、适用境外法律等情形的跨境发行或者交易的产品或者服务；

（六）自律组织认定的高风险产品或者服务；

（七）其他有可能构成投资风险的因素。

第十八条 经营机构应当根据产品或者服务的不同风险等级，对其适合销售产品或者提供服务的投资者类型作出判断，根据投资者的不同分类，对其适合购买的产品或者接受的服务作出判断。

第十九条 经营机构告知投资者不适合购买相关产品或者接受相关服务后，投资者主动要求购买风险等级高于其风险承受能力的产品或者接受相关服务的，经营机构在确认其不属于风险承受能力最低类别的投资者后，应当就产品或者服务风险高于其承受能力进行特别的书面风险警示，投资者仍坚持购买的，可以向其销售相关产品或者提供相关服务。

第二十条 经营机构向普通投资者销售高风险产品或者提供相关服务，应当履行特别的注意义务，包括制定专门的工作程序，追加了解相关信息，告知特别的风险点，给予普通投资者更多的考虑时间，或者增加回访频次等。

第二十一条 经营机构应当根据投资者和产品或者服务的信息

变化情况，主动调整投资者分类、产品或者服务分级以及适当性匹配意见，并告知投资者上述情况。

第二十二条 禁止经营机构进行下列销售产品或者提供服务的活动：

（一）向不符合准入要求的投资者销售产品或者提供服务；

（二）向投资者就不确定事项提供确定性的判断，或者告知投资者有可能使其误认为具有确定性的意见；

（三）向普通投资者主动推介风险等级高于其风险承受能力的产品或者服务；

（四）向普通投资者主动推介不符合其投资目标的产品或者服务；

（五）向风险承受能力最低类别的投资者销售或者提供风险等级高于其风险承受能力的产品或者服务；

（六）其他违背适当性要求，损害投资者合法权益的行为。

第二十三条 经营机构向普通投资者销售产品或者提供服务前，应当告知下列信息：

（一）可能直接导致本金亏损的事项；

（二）可能直接导致超过原始本金损失的事项；

（三）因经营机构的业务或者财产状况变化，可能导致本金或者原始本金亏损的事项；

（四）因经营机构的业务或者财产状况变化，影响客户判断的重要事由；

（五）限制销售对象权利行使期限或者可解除合同期限等全部限制内容；

（六）本办法第二十九条规定的适当性匹配意见。

第二十四条 经营机构对投资者进行告知、警示，内容应当真实、准确、完整，不存在虚假记载、误导性陈述或者重大遗漏，语言应当通俗易懂；告知、警示应当采用书面形式送达投资者，并由其确认已充分理解和接受。

第二十五条　经营机构通过营业网点向普通投资者进行本办法第十二条、第二十条、第二十一条和第二十三条规定的告知、警示，应当全过程录音或者录像；通过互联网等非现场方式进行的，经营机构应当完善配套留痕安排，由普通投资者通过符合法律、行政法规要求的电子方式进行确认。

第二十六条　经营机构委托其他机构销售本机构发行的产品或者提供服务，应当审慎选择受托方，确认受托方具备代销相关产品或者提供服务的资格和落实相应适当性义务要求的能力，应当制定并告知代销方所委托产品或者提供服务的适当性管理标准和要求，代销方应当严格执行，但法律、行政法规、中国证监会其他规章另有规定的除外。

第二十七条　经营机构代销其他机构发行的产品或者提供相关服务，应当在合同中约定要求委托方提供的信息，包括本办法第十六条、第十七条规定的产品或者服务分级考虑因素等，自行对该信息进行调查核实，并履行投资者评估、适当性匹配等适当性义务。委托方不提供规定的信息、提供信息不完整的，经营机构应当拒绝代销产品或者提供服务。

第二十八条　对在委托销售中违反适当性义务的行为，委托销售机构和受托销售机构应当依法承担相应法律责任，并在委托销售合同中予以明确。

第二十九条　经营机构应当制定适当性内部管理制度，明确投资者分类、产品或者服务分级、适当性匹配的具体依据、方法、流程等，严格按照内部管理制度进行分类、分级，定期汇总分类、分级结果，并对每名投资者提出匹配意见。

经营机构应当制定并严格落实与适当性内部管理有关的限制不匹配销售行为、客户回访检查、评估与销售隔离等风控制度，以及培训考核、执业规范、监督问责等制度机制，不得采取鼓励不适当销售的考核激励措施，确保从业人员切实履行适当性义务。

第三十条 经营机构应当每半年开展一次适当性自查，形成自查报告。发现违反本办法规定的问题，应当及时处理并主动报告住所地中国证监会派出机构。

第三十一条 鼓励经营机构将投资者分类政策、产品或者服务分级政策、自查报告在公司网站或者指定网站进行披露。

第三十二条 经营机构应当按照相关规定妥善保存其履行适当性义务的相关信息资料，防止泄露或者被不当利用，接受中国证监会及其派出机构和自律组织的检查。对匹配方案、告知警示资料、录音录像资料、自查报告等的保存期限不得少于20年。

第三十三条 投资者购买产品或者接受服务，按规定需要提供信息的，所提供的信息应当真实、准确、完整。投资者根据本办法第六条规定所提供的信息发生重要变化、可能影响其分类的，应当及时告知经营机构。

投资者不按照规定提供相关信息，提供信息不真实、不准确、不完整的，应当依法承担相应法律责任，经营机构应当告知其后果，并拒绝向其销售产品或者提供服务。

第三十四条 经营机构应当妥善处理适当性相关的纠纷，与投资者协商解决争议，采取必要措施支持和配合投资者提出的调解。经营机构履行适当性义务存在过错并造成投资者损失的，应当依法承担相应法律责任。

经营机构与普通投资者发生纠纷的，经营机构应当提供相关资料，证明其已向投资者履行相应义务。

第三十五条 中国证监会及其派出机构在监管中应当审核或者关注产品或者服务的适当性安排，对适当性制度落实情况进行检查，督促经营机构严格落实适当性义务，强化适当性管理。

第三十六条 证券期货交易场所应当制定完善本市场相关产品或者服务的适当性管理自律规则。

行业协会应当制定完善会员落实适当性管理要求的自律规则，制定并定期更新本行业的产品或者服务风险等级名录以及本办法第十九条、第二十二条规定的风险承受能力最低的投资者类别，供经营机构参考。经营机构评估相关产品或者服务的风险等级不得低于名录规定的风险等级。

证券期货交易场所、行业协会应当督促、引导会员履行适当性义务，对备案产品或者相关服务应当重点关注高风险产品或者服务的适当性安排。

第三十七条 经营机构违反本办法规定的，中国证监会及其派出机构可以对经营机构及其直接负责的主管人员和其他直接责任人员，采取责令改正、监管谈话、出具警示函、责令参加培训等监督管理措施。

第三十八条 证券公司、期货公司违反本办法规定，存在较大风险或者风险隐患的，中国证监会及其派出机构可以按照《证券公司监督管理条例》第七十条、《期货交易管理条例》第五十五条的规定，采取监督管理措施。

第三十九条 违反本办法第六条、第十八条、第十九条、第二十条、第二十一条、第二十二条第（三）项至第（六）项、第二十三条、第二十四条、第三十三条规定的，按照《证券投资基金法》第一百三十七条、《证券公司监督管理条例》第八十四条、《期货交易管理条例》第六十七条予以处理。

第四十条 违反本办法第二十二条第（一）项至第（二）项、第二十六条、第二十七条规定的，按照《证券投资基金法》第一百三十五条、《证券公司监督管理条例》第八十三条、《期货交易管理条例》第六十六条予以处理。

第四十一条 经营机构有下列情形之一的，给予警告，并处以3万元以下罚款；对直接负责的主管人员和其他直接责任人员，给予警告，并处以3万元以下罚款：

（一）违反本办法第十条，未按规定对普通投资者进行细化分类和管理的；

（二）违反本办法第十一条、第十二条，未按规定进行投资者类别转化的；

（三）违反本办法第十三条，未建立或者更新投资者评估数据库的；

（四）违反本办法第十五条，未按规定了解所销售产品或者所提供服务信息或者履行分级义务的；

（五）违反本办法第十六条、第十七条，未按规定划分产品或者服务风险等级的；

（六）违反本办法第二十五条，未按规定录音录像或者采取配套留痕安排的；

（七）违反本办法第二十九条，未按规定制定或者落实适当性内部管理制度和相关制度机制的；

（八）违反本办法第三十条，未按规定开展适当性自查的；

（九）违反本办法第三十二条，未按规定妥善保存相关信息资料的；

（十）违反本办法第六条、第十八条至第二十四条、第二十六条、第二十七条、第三十三条规定，未构成《证券投资基金法》第一百三十五条、第一百三十七条，《证券公司监督管理条例》第八十三条、第八十四条，《期货交易管理条例》第六十六条、第六十七条规定情形的。

第四十二条 经营机构从业人员违反相关法律法规和本办法规定，情节严重的，中国证监会可以依法采取市场禁入的措施。

第四十三条 本办法自 2017 年 7 月 1 日起施行。

关于证券行业准备金支出企业所得税税前扣除有关政策问题的通知

财税〔2017〕23号

各省、自治区、直辖市、计划单列市财政厅（局）、国家税务局、地方税务局，新疆生产建设兵团财务局：

根据《中华人民共和国企业所得税法》和《中华人民共和国企业所得税法实施条例》的有关规定，现就证券行业准备金支出企业所得税税前扣除有关政策问题明确如下：

一、证券类准备金

（一）证券交易所风险基金

上海、深圳证券交易所依据《证券交易所风险基金管理暂行办法》（证监发〔2000〕22号）的有关规定，按证券交易所交易收取经手费的20%、会员年费的10%提取的证券交易所风险基金，在各基金净资产不超过10亿元的额度内，准予在企业所得税税前扣除。

（二）证券结算风险基金

1. 中国证券登记结算公司所属上海分公司、深圳分公司依据《证券结算风险基金管理办法》（证监发〔2006〕65号）的有关规定，按证券登记结算公司业务收入的20%提取的证券结算风险基金，在各基金净资产不超过30亿元的额度内，准予在企业所得税税前扣除。

2. 证券公司依据《证券结算风险基金管理办法》（证监发〔2006〕65号）的有关规定，作为结算会员按人民币普通股和基金成交金额的十万分之三、国债现货成交金额的十万分之一、1天期国债回购成交额的千万分之五、2天期国债回购成交额的千万分之十、3天期国债回购成交额的千万分之十五、4天期国债回购成交额的千万分之二十、7 天期国债回购成交额的千万分之五十、14 天期国债回购成交额的十万分之一、28 天期国债回购成交额的十万分之二、91 天期国债回购成交额的十万分之六、182 天期国债回购成交额的十万分之十二逐日交纳的证券结算风险基金,准予在企业所得税税前扣除。

(三) 证券投资者保护基金

1. 上海、深圳证券交易所依据《证券投资者保护基金管理办法》(证监会令第 27 号、第 124 号) 的有关规定,在风险基金分别达到规定的上限后,按交易经手费的 20%缴纳的证券投资者保护基金,准予在企业所得税税前扣除。

2. 证券公司依据《证券投资者保护基金管理办法》(证监会令第 27 号、第 124 号) 的有关规定,按其营业收入 0.5%—5%缴纳的证券投资者保护基金,准予在企业所得税税前扣除。

二、期货类准备金

(一) 期货交易所风险准备金

大连商品交易所、郑州商品交易所和中国金融期货交易所依据《期货交易管理条例》(国务院令第 489 号)、《期货交易所管理办法》(证监会令第 42 号) 和《商品期货交易财务管理暂行规定》(财商字〔1997〕44 号) 的有关规定,上海期货交易所依据《期货交易管理条例》(国务院令第 489 号)、《期货交易所管理办法》(证监会令第 42 号) 和《关于调整上海期货交易所风险准备金规模的批复》(证监函〔2009〕407 号) 的有关规定,分别按向会员收取手续费收入的 20%计提的风险准备金,在风险准备金余额达到有关规定的额度内,准予在企业所得税税前扣除。

(二) 期货公司风险准备金

期货公司依据《期货公司管理办法》(证监会令第 43 号) 和《商品期货交易财务管理暂行规定》(财商字〔1997〕44 号) 的有关规定,从其收取的交易手续费收入减去应付期货交易所手续费后的净收入的5%提取的期货公司风险准备金,准予在企业所得税税前扣除。

(三)期货投资者保障基金

1. 上海期货交易所、大连商品交易所、郑州商品交易所和中国金融期货交易所依据《期货投资者保障基金管理办法》(证监会令第38号、第129号)和《关于明确期货投资者保障基金缴纳比例有关事项的规定》(证监会 财政部公告〔2016〕26号)的有关规定,按其向期货公司会员收取的交易手续费的2%(2016年12月8日前按3%)缴纳的期货投资者保障基金,在基金总额达到有关规定的额度内,准予在企业所得税税前扣除。

2. 期货公司依据《期货投资者保障基金管理办法》(证监会令第38号、第129号)和《关于明确期货投资者保障基金缴纳比例有关事项的规定》(证监会 财政部公告〔2016〕26号)的有关规定,从其收取的交易手续费中按照代理交易额的亿分之五至亿分之十的比例(2016年12月8日前按千万分之五至千万分之十的比例)缴纳的期货投资者保障基金,在基金总额达到有关规定的额度内,准予在企业所得税税前扣除。

三、上述准备金如发生清算、退还,应按规定补征企业所得税。

四、本通知自2016年1月1日起至2020年12月31日止执行。《财政部 国家税务总局关于证券行业准备金支出企业所得税税前扣除有关政策问题的通知》(财税〔2012〕11号)同时废止。

财政部　税务总局
2017年3月21日

证券发行与承销管理办法

中国证券监督管理委员会令

第 135 号

《关于修改〈证券发行与承销管理办法〉的决定》已经 2017 年 8 月 28 日中国证券监督管理委员会 2017 年第 5 次主席办公会议审议通过，现予公布，自公布之日起施行。

中国证券监督管理委员会主席
2017 年 9 月 8 日

(2013 年 10 月 8 日中国证券监督管理委员会第 11 次主席办公会议审议通过；根据 2014 年 3 月 21 日、2015 年 12 月 30 日、2017 年 9 月 7 日中国证券监督管理委员会《关于修改〈证券发行与承销管理办法〉的决定》修正)

第一章 总 则

第一条 为规范证券发行与承销行为，保护投资者合法权益，根据《证券法》和《公司法》,制定本办法。

第二条 发行人在境内发行股票或者可转换公司债券(以下统称证券)、证券公司在境内承销证券以及投资者认购境内发行的证券,适用本办法。

首次公开发行股票时公司股东公开发售其所持股份(以下简称老股转让)的,还应当符合中国证券监督管理委员会(以下简称中国证监会)的相关规定。

第三条 中国证监会依法对证券发行与承销行为进行监督管理。证券交易所、证券登记结算机构和中国证券业协会应当制定相关业务规则(以下简称相关规则),规范证券发行与承销行为。

证券公司承销证券,应当依据本办法以及中国证监会有关风险控制和内部控制等相关规定,制定严格的风险管理制度和内部控制制度,加强定价和配售过程管理,落实承销责任。

为证券发行出具相关文件的证券服务机构和人员,应当按照本行业公认的业务标准和道德规范,严格履行法定职责,对其所出具文件的真实性、准确性和完整性承担责任。

第二章 定价与配售

第四条 首次公开发行股票,可以通过向网下投资者询价的方式确定股票发行价格,也可以通过发行人与主承销商自主协商直接定价等其他合法可行的方式确定发行价格。公开发行股票数量在2000万股(含)以下且无老股转让计划的,应当通过直接定价的方式确定发行价格。发行人和主承销商应当在招股意向书(或招股说明书,下同)和发行公告中披露本次发行股票的定价方式。

上市公司发行证券的定价,应当符合中国证监会关于上市公司证券发行的有关规定。

第五条 首次公开发行股票,网下投资者须具备丰富的投资经验和良好的定价能力，应当接受中国证券业协会的自律管理，遵守中国证券业协会的自律规则。

网下投资者参与报价时，应当持有一定金额的非限售股份。发行人和主承销商可以根据自律规则，设置网下投资者的具体条件，并在发行公告中预先披露。主承销商应当对网下投资者是否符合预先披露的条件进行核查，对不符合条件的投资者，应当拒绝或剔除其报价。

第六条 首次公开发行股票采用询价方式定价的，符合条件的网下机构和个人投资者可以自主决定是否报价，主承销商无正当理由不得拒绝。网下投资者应当遵循独立、客观、诚信的原则合理报价，不得协商报价或者故意压低、抬高价格。

网下投资者报价应当包含每股价格和该价格对应的拟申购股数，且只能有一个报价。非个人投资者应当以机构为单位进行报价。首次公开发行股票价格（或发行价格区间）确定后，提供有效报价的投资者方可参与申购。

第七条 首次公开发行股票采用询价方式的，网下投资者报价后，发行人和主承销商应当剔除拟申购总量中报价最高的部分，剔除部分不得低于所有网下投资者拟申购总量的10%，然后根据剩余报价及拟申购数量协商确定发行价格。剔除部分不得参与网下申购。

公开发行股票数量在4亿股（含）以下的，有效报价投资者的数量不少于10家；公开发行股票数量在4亿股以上的，有效报价投资者的数量不少于20家。剔除最高报价部分后有效报价投资者数量不足的，应当中止发行。

第八条 首次公开发行股票时，发行人和主承销商可以自主协商确定参与网下询价投资者的条件、有效报价条件、配售原则和配售方式，并按照事先确定的配售原则在有效申购的网下投资者中选择配售股票的对象。

第九条 首次公开发行股票采用直接定价方式的，全部向网上投资者发行，不进行网下询价和配售。

首次公开发行股票采用询价方式的，公开发行股票后总股本4亿股（含）以下的，网下初始发行比例不低于本次公开发行股票数量的60%；发行后总股本超过4亿股的，网下初始发行比例不低于本次公开发行股票数量的70%。其中，应当安排不低于本次网下发行股票数量的40%优先向通过公开募集方式设立的证券投资基金（以下简称公募基金）、全国社会保障基金（以下简称社保基金）和基本养老保险基金（以下简称养老金）配售，安排一定比例的股票向根据《企业年金基金管理办法》设立的企业年金基金和符合《保险资金运用管理暂行办法》等相关规定的保险资金（以下简称保险资金）配售。公募基金、社保基金、养老金、企业年金基金和保险资金有效申购不足安排数量的，发行人和主承销商可以向其他符合条件的网下投资者配售剩余部分。

对网下投资者进行分类配售的，同类投资者获得配售的比例应当相同。公募基金、社保基金、养老金、企业年金基金和保险资金的配售比例应当不低于其他投资者。安排向战略投资者配售股票的，应当扣除向战略投资者配售部分后确定网下网上发行比例。

网下投资者可与发行人和主承销商自主约定网下配售股票的持有期限并公开披露。

第十条 首次公开发行股票网下投资者申购数量低于网下初始发行量的，发行人和主承销商不得将网下发行部分向网上回拨，应当中止发行。

网上投资者有效申购倍数超过50倍、低于100倍（含）的，应当从网下向网上回拨，回拨比例为本次公开发行股票数量的20%；网上投资者有效申购倍数超过100倍的，回拨比例为本次公开发行股票数量的40%；网上投资者有效申购倍数超过150倍的，回拨后网下发行比例不超过本次公开发行股票数量的10%。本款所指公开发行股票数量应按照扣除设定12个月及以上限售期的股票数量计算。

网上投资者申购数量不足网上初始发行量的,可回拨给网下投资者。

第十一条 首次公开发行股票,持有一定数量非限售股份的投资者才能参与网上申购。网上投资者应当自主表达申购意向,不得全权委托证券公司进行新股申购。采用其他方式进行网上申购和配售的,应当符合中国证监会的有关规定。

第十二条 首次公开发行股票的网下发行应和网上发行同时进行,网下和网上投资者在申购时无需缴付申购资金。投资者应当自行选择参与网下或网上发行,不得同时参与。

发行人股东拟进行老股转让的,发行人和主承销商应于网下网上申购前协商确定发行价格、发行数量和老股转让数量。采用询价方式且无老股转让计划的,发行人和主承销商可以通过网下询价确定发行价格或发行价格区间。网上投资者申购时仅公告发行价格区间、未确定发行价格的,主承销商应当安排投资者按价格区间上限申购。

第十三条 网下和网上投资者申购新股、可转换公司债券、可交换公司债券获得配售后,应当按时足额缴付认购资金。网上投资者连续12个月内累计出现3次中签后未足额缴款的情形时,6个月内不得参与新股、可转换公司债券、可交换公司债券申购。

网下和网上投资者缴款认购的新股或可转换公司债券数量合计不足本次公开发行数量的70%时,可以中止发行。

除本办法规定的中止发行情形外,发行人和主承销商还可以约定中止发行的其他具体情形并事先披露。中止发行后,在核准文件有效期内,经向中国证监会备案,可重新启动发行。

第十四条 首次公开发行股票数量在4亿股以上的,可以向战略投资者配售股票。发行人应当与战略投资者事先签署配售协议。

发行人和主承销商应当在发行公告中披露战略投资者的选择标准、向战略投资者配售的股票总量、占本次发行股票的比例以及持有期限等。

战略投资者不参与网下询价，且应当承诺获得本次配售的股票持有期限不少于12个月，持有期自本次公开发行的股票上市之日起计算。

第十五条 首次公开发行股票数量在4亿股以上的，发行人和主承销商可以在发行方案中采用超额配售选择权。超额配售选择权的实施应当遵守中国证监会、证券交易所、证券登记结算机构和中国证券业协会的规定。

第十六条 首次公开发行股票网下配售时，发行人和主承销商不得向下列对象配售股票：

（一）发行人及其股东、实际控制人、董事、监事、高级管理人员和其他员工；发行人及其股东、实际控制人、董事、监事、高级管理人员能够直接或间接实施控制、共同控制或施加重大影响的公司，以及该公司控股股东、控股子公司和控股股东控制的其他子公司；

（二）主承销商及其持股比例5%以上的股东，主承销商的董事、监事、高级管理人员和其他员工；主承销商及其持股比例5%以上的股东、董事、监事、高级管理人员能够直接或间接实施控制、共同控制或施加重大影响的公司，以及该公司控股股东、控股子公司和控股股东控制的其他子公司；

（三）承销商及其控股股东、董事、监事、高级管理人员和其他员工；

（四）本条第（一）、（二）、（三）项所述人士的关系密切的家庭成员，包括配偶、子女及其配偶、父母及配偶的父母、兄弟姐妹及其配偶、配偶的兄弟姐妹、子女配偶的父母；

（五）过去6个月内与主承销商存在保荐、承销业务关系的公司及其持股5%以上的股东、实际控制人、董事、监事、高级管理人员，或已与主承销商签署保荐、承销业务合同或达成相关意向的公司及其持股5%以上的股东、实际控制人、董事、监事、高级管理人员；

（六）通过配售可能导致不当行为或不正当利益的其他自然人、法人和组织。

本条第（二）、（三）项规定的禁止配售对象管理的公募基金不受前款规定的限制，但应符合中国证监会的有关规定。

第十七条 发行人和承销商及相关人员不得泄露询价和定价信息；不得以任何方式操纵发行定价；不得劝诱网下投资者抬高报价，不得干扰网下投资者正常报价和申购；不得以提供透支、回扣或者中国证监会认定的其他不正当手段诱使他人申购股票；不得以代持、信托持股等方式谋取不正当利益或向其他相关利益主体输送利益；不得直接或通过其利益相关方向参与认购的投资者提供财务资助或者补偿；不得以自有资金或者变相通过自有资金参与网下配售；不得与网下投资者互相串通，协商报价和配售；不得收取网下投资者回扣或其他相关利益。

第十八条 上市公司发行证券，存在利润分配方案、公积金转增股本方案尚未提交股东大会表决或者虽经股东大会表决通过但未实施的，应当在方案实施后发行。相关方案实施前，主承销商不得承销上市公司发行的证券。

第十九条 上市公司向原股东配售股票（以下简称配股），应当向股权登记日登记在册的股东配售，且配售比例应当相同。

上市公司向不特定对象公开募集股份（以下简称增发）或者发行可转换公司债券，可以全部或者部分向原股东优先配售，优先配售比例应当在发行公告中披露。

网上投资者在申购可转换公司债券时无需缴付申购资金。

第二十条 上市公司增发或者发行可转换公司债券,主承销商可以对参与网下配售的机构投资者进行分类,对不同类别的机构投资者设定不同的配售比例,对同一类别的机构投资者应当按相同的比例进行配售。主承销商应当在发行公告中明确机构投资者的分类标准。

主承销商未对机构投资者进行分类的,应当在网下配售和网上发行之间建立回拨机制,回拨后两者的获配比例应当一致。

第二十一条 上市公司非公开发行证券的,发行对象及其数量的选择应当符合中国证监会关于上市公司证券发行的相关规定。

第三章 证券承销

第二十二条 发行人和主承销商应当签订承销协议,在承销协议中界定双方的权利义务关系,约定明确的承销基数。采用包销方式的,应当明确包销责任;采用代销方式的,应当约定发行失败后的处理措施。

证券发行依照法律、行政法规的规定应由承销团承销的,组成承销团的承销商应当签订承销团协议,由主承销商负责组织承销工作。证券发行由两家以上证券公司联合主承销的,所有担任主承销商的证券公司应当共同承担主承销责任,履行相关义务。

承销团由3家以上承销商组成的,可以设副主承销商,协助主承销商组织承销活动。承销团成员应当按照承销团协议及承销协议的规定进行承销活动,不得进行虚假承销。

第二十三条 证券公司承销证券,应当依照《证券法》第二十八条的规定采用包销或者代销方式。上市公司非公开发行股票未采用自行销售方式或者上市公司配股的,应当采用代销方式。

第二十四条 股票发行采用代销方式的,应当在发行公告(或认购邀请书)中披露发行失败后的处理措施。股票发行失败后,主承销商应当协助发行人按照发行价并加算银行同期存款利息返还股票认购人。

第二十五条 证券公司实施承销前,应当向中国证监会报送发行与承销方案。

第二十六条 上市公司发行证券期间相关证券的停复牌安排,应当遵守证券交易所的相关规则。

主承销商应当按有关规定及时划付申购资金冻结利息。

第二十七条 投资者申购缴款结束后,发行人和主承销商应当聘请具有证券、期货相关业务资格的会计师事务所对申购和募集资金进行验证,并出具验资报告;还应当聘请律师事务所对网下发行过程、配售行为、参与定价和配售的投资者资质条件及其与发行人和承销商的关联关系、资金划拨等事项进行见证,并出具专项法律意见书。证券上市后10日内,主承销商应当将验资报告、专项法律意见随同承销总结报告等文件一并报中国证监会。

第四章 信息披露

第二十八条 发行人和主承销商在发行过程中,应当按照中国证监会规定的要求编制信息披露文件,履行信息披露义务。发行人和承销商在发行过程中披露的信息,应当真实、准确、完整、及时,不得有虚假记载、误导性陈述或者重大遗漏。

第二十九条 首次公开发行股票申请文件受理后至发行人发行申请经中国证监会核准、依法刊登招股意向书前,发行人及与本次发行有关的当事人不得采取任何公开方式或变相公开方式进行与股票发行相关的推介活动,也不得通过其他利益关联方或委托他人等方式进行相关活动。

第三十条 首次公开发行股票招股意向书刊登后,发行人和主承销商可以向网下投资者进行推介和询价,并通过互联网等方式向公众投资者进行推介。

发行人和主承销商向公众投资者进行推介时,向公众投资者提供的发行人信息的内容及完整性应与向网下投资者提供的信息保持一致。

第三十一条 发行人和主承销商在推介过程中不得夸大宣传,或以虚假广告等不正当手段诱导、误导投资者,不得披露除招股意向书等公开信息以外的发行人其他信息。

承销商应当保留推介、定价、配售等承销过程中的相关资料至少三年并存档备查,包括推介宣传材料、路演现场录音等,如实、全面反映询价、定价和配售过程。

第三十二条 发行人和主承销商应当将发行过程中披露的信息刊登在至少一种中国证监会指定的报刊,同时将其刊登在中国证监会指定的互联网网站,并置备于中国证监会指定的场所,供公众查阅。

第三十三条 发行人披露的招股意向书除不含发行价格、筹资金额以外,其内容与格式应当与招股说明书一致,并与招股说明书具有同等法律效力。

第三十四条 首次公开发行股票的发行人和主承销商应当在发行和承销过程中公开披露以下信息:

(一)招股意向书刊登首日在发行公告中披露发行定价方式、定价程序、参与网下询价投资者条件、股票配售原则、配售方式、有效报价的确定方式、中止发行安排、发行时间安排和路演推介相关安排等信息;发行人股东拟老股转让的,还应披露预计老股转让的数量上限,老股转让股东名称及各自转让老股数量,并明确新股发行与老股转让数量的调整机制。

(二)网上申购前披露每位网下投资者的详细报价情况,包括投资者名称、申购价格及对应的拟申购数量;剔除最高报价有关情况;剔除最高报价部分后网下投资者报价的中位数和加权平均数以及公募基金报价的中位数和加权平均数；有效报价和发行价格（或发行价格区间）的确定过程；发行价格（或发行价格区间）及对应的市盈率；网下网上的发行方式和发行数量；回拨机制；中止发行安排；申购缴款要求等。已公告老股转让方案的，还应披露老股转让和新股发行的确定数量，老股转让股东名称及各自转让老股数量，并应提示投资者关注，发行人将不会获得老股转让部分所得资金。按照发行价格计算的预计募集资金总额低于拟以本次募集资金投资的项目金额的，还应披露相关投资风险。

（三）如公告的发行价格（或发行价格区间上限）市盈率高于同行业上市公司二级市场平均市盈率，发行人和主承销商应当在披露发行价格的同时，在投资风险特别公告中明示该定价可能存在估值过高给投资者带来损失的风险，提醒投资者关注。内容至少包括：

1. 比较分析发行人与同行业上市公司的差异及该差异对估值的影响；提请投资者关注发行价格与网下投资者报价之间存在的差异。

2. 提请投资者关注投资风险，审慎研判发行定价的合理性，理性做出投资决策。

（四）在发行结果公告中披露获配机构投资者名称、个人投资者个人信息以及每个获配投资者的报价、申购数量和获配数量等，并明确说明自主配售的结果是否符合事先公布的配售原则；对于提供有效报价但未参与申购，或实际申购数量明显少于报价时拟申购量的投资者应列表公示并着重说明；缴款后的发行结果公告中披露网上、网下投资者获配未缴款金额以及主承销商的包销比例，列表公示获得配售但未足额缴款的网下投资者；发行后还应披露保荐费用、承销费用、其他中介费用等发行费用信息。

（五）向战略投资者配售股票的，应当在网下配售结果公告中披露战略投资者的名称、认购数量及持有期限等情况。

第三十五条　发行人和主承销商在披露发行市盈率时,应同时披露发行市盈率的计算方式。在进行行业市盈率比较分析时,应当按照中国证监会有关上市公司行业分类指引中制定的行业分类标准确定发行人行业归属,并分析说明行业归属的依据。存在多个市盈率口径时,应当充分列示可供选择的比较基准,并应当按照审慎、充分提示风险的原则选取和披露行业平均市盈率。发行人还可以同时披露市净率等反映发行人所在行业特点的估值指标。

第五章　监管和处罚

第三十六条　中国证监会对证券发行承销过程实施事中事后监管,发现涉嫌违法违规或者存在异常情形的,可责令发行人和承销商暂停或中止发行,对相关事项进行调查处理。

第三十七条　中国证券业协会应当建立对承销商询价、定价、配售行为和网下投资者报价行为的日常监管制度,加强相关行为的监督检查,发现违规情形的,应当及时采取自律监管措施。中国证券业协会还应当建立对网下投资者和承销商的跟踪分析和评价体系,并根据评价结果采取奖惩措施。

第三十八条　发行人、证券公司、证券服务机构、投资者及其直接负责的主管人员和其他直接责任人员有失诚信、违反法律、行政法规或者本办法规定的,中国证监会可以视情节轻重采取责令改正、监管谈话、出具警示函、责令公开说明、认定为不适当人选等监管措施,或者采取市场禁入措施,并记入诚信档案;依法应予行政处罚的,依照有关规定进行处罚;涉嫌犯罪的,依法移送司法机关,追究其刑事责任。

第三十九条　证券公司承销未经核准擅自公开发行的证券的,依照《证券法》第一百九十条的规定处罚。

证券公司承销证券有前款所述情形的,中国证监会可以采取12

至 36 个月暂不受理其证券承销业务有关文件的监管措施。

第四十条 证券公司及其直接负责的主管人员和其他直接责任人员在承销证券过程中，有下列行为之一的，中国证监会可以采取本办法第三十八条规定的监管措施；情节比较严重的，还可以采取 3 至 12 个月暂不受理其证券承销业务有关文件的监管措施；依法应予行政处罚的，依照《证券法》第一百九十一条的规定予以处罚：

（一）夸大宣传，或以虚假广告等不正当手段诱导、误导投资者；

（二）以不正当竞争手段招揽承销业务；

（三）从事本办法第十七条规定禁止的行为；

（四）向不符合本办法第五条规定的网下投资者配售股票，或向本办法第十六条规定禁止配售的对象配售股票；

（五）未按本办法要求披露有关文件；

（六）未按照事先披露的原则和方式配售股票，或其他未依照披露文件实施的行为；

（七）向投资者提供除招股意向书等公开信息以外的发行人其他信息；

（八）未按照本办法要求保留推介、定价、配售等承销过程中相关资料；

（九）其他违反证券承销业务规定的行为。

第四十一条 发行人及其直接负责的主管人员和其他直接责任人员有下列行为之一的，中国证监会可以采取本办法第三十八条规定的监管措施；构成违反《证券法》相关规定的，依法进行行政处罚：

（一）从事本办法第十七条规定禁止的行为；

（二）夸大宣传，或以虚假广告等不正当手段诱导、误导投资者；

（三）向投资者提供除招股意向书等公开信息以外的发行人信息；

（四）中国证监会认定的其他情形。

第六章 附 则

第四十二条 其他证券的发行与承销比照本办法执行。中国证监会另有规定的，从其规定。

第四十三条 本办法自 2013 年 12 月 13 日起施行。2006 年 9 月 17 日发布并于 2010 年 10 月 11 日、2012 年 5 月 18 日修改的《证券发行与承销管理办法》同时废止。

证券公司和证券投资基金管理公司合规管理办法

中国证券监督管理委员会令

第 133 号

《证券公司和证券投资基金管理公司合规管理办法》已经 2017 年 4 月 27 日中国证券监督管理委员会 2017 年第 3 次主席办公会议审议通过，现予公布，自 2017 年 10 月 1 日起施行。

中国证券监督管理委员会主席

2017 年 6 月 6 日

第一章 总 则

第一条 为了促进证券公司和证券投资基金管理公司加强内部合规管理，实现持续规范发展，根据《中华人民共和国公司法》《中华人民共和国证券法》《中华人民共和国证券投资基金法》和《证券公司监督管理条例》，制定本办法。

第二条 在中华人民共和国境内设立的证券公司和证券投资基

金管理公司（以下统称证券基金经营机构）应当按照本办法实施合规管理。本办法所称合规，是指证券基金经营机构及其工作人员的经营管理和执业行为符合法律、法规、规章及规范性文件、行业规范和自律规则、公司内部规章制度，以及行业普遍遵守的职业道德和行为准则（以下统称法律法规和准则）。本办法所称合规管理，是指证券基金经营机构制定和执行合规管理制度，建立合规管理机制，防范合规风险的行为。本办法所称合规风险，是指因证券基金经营机构或其工作人员的经营管理或执业行为违反法律法规和准则而使证券基金经营机构被依法追究法律责任、采取监管措施、给予纪律处分、出现财产损失或商业信誉损失的风险。

第三条 证券基金经营机构的合规管理应当覆盖所有业务，各部门、各分支机构、各层级子公司和全体工作人员，贯穿决策、执行、监督、反馈等各个环节。

第四条 证券基金经营机构应当树立全员合规、合规从管理层做起、合规创造价值、合规是公司生存基础的理念，倡导和推进合规文化建设，培育全体工作人员合规意识，提升合规管理人员职业荣誉感和专业化、职业化水平。

第五条 中国证券监督管理委员会（以下简称中国证监会）依法对证券基金经营机构合规管理工作实施监督管理。中国证监会派出机构按照授权履行监督管理职责。中国证券业协会、中国证券投资基金业协会等自律组织（以下简称协会）依照本办法制定实施细则，对证券基金经营机构合规管理工作实施自律管理。

第二章 合规管理职责

第六条 证券基金经营机构开展各项业务，应当合规经营、勤勉尽责，坚持客户利益至上原则，并遵守下列基本要求：

（一）充分了解客户的基本信息、财务状况、投资经验、投资目标、风险偏好、诚信记录等信息并及时更新。

（二）合理划分客户类别和产品、服务风险等级，确保将适当的产品、服务提供给适合的客户，不得欺诈客户。

（三）持续督促客户规范证券发行行为，动态监控客户交易活动，及时报告、依法处置重大异常行为，不得为客户违规从事证券发行、交易活动提供便利。

（四）严格规范工作人员执业行为，督促工作人员勤勉尽责，防范其利用职务便利从事违法违规、超越权限或者其他损害客户合法权益的行为。

（五）有效管理内幕信息和未公开信息，防范公司及其工作人员利用该信息买卖证券、建议他人买卖证券，或者泄露该信息。

（六）及时识别、妥善处理公司与客户之间、不同客户之间、公司不同业务之间的利益冲突，切实维护客户利益，公平对待客户。

（七）依法履行关联交易审议程序和信息披露义务，保证关联交易的公允性，防止不正当关联交易和利益输送。

（八）审慎评估公司经营管理行为对证券市场的影响，采取有效措施，防止扰乱市场秩序。

第七条　证券基金经营机构董事会决定本公司的合规管理目标，对合规管理的有效性承担责任，履行下列合规管理职责：

（一）审议批准合规管理的基本制度；

（二）审议批准年度合规报告；

（三）决定解聘对发生重大合规风险负有主要责任或者领导责任的高级管理人员；

（四）决定聘任、解聘、考核合规负责人，决定其薪酬待遇；

（五）建立与合规负责人的直接沟通机制；

（六）评估合规管理有效性，督促解决合规管理中存在的问题；

（七）公司章程规定的其他合规管理职责。

第八条 证券基金经营机构的监事会或者监事履行下列合规管理职责：

（一）对董事、高级管理人员履行合规管理职责的情况进行监督；

（二）对发生重大合规风险负有主要责任或者领导责任的董事、高级管理人员提出罢免的建议；

（三）公司章程规定的其他合规管理职责。

第九条 证券基金经营机构的高级管理人员负责落实合规管理目标，对合规运营承担责任，履行下列合规管理职责：

（一）建立健全合规管理组织架构，遵守合规管理程序，配备充足、适当的合规管理人员，并为其履行职责提供充分的人力、物力、财力、技术支持和保障；

（二）发现违法违规行为及时报告、整改，落实责任追究；

（三）公司章程规定或者董事会确定的其他合规管理职责。

第十条 证券基金经营机构各部门、各分支机构和各层级子公司（以下统称下属各单位）负责人负责落实本单位的合规管理目标，对本单位合规运营承担责任。证券基金经营机构全体工作人员应当遵守与其执业行为有关的法律、法规和准则，主动识别、控制其执业行为的合规风险，并对其执业行为的合规性承担责任。下属各单位及工作人员发现违法违规行为或者合规风险隐患时，应当主动及时向合规负责人报告。

第十一条 证券基金经营机构设合规负责人。合规负责人是高级管理人员，直接向董事会负责，对本公司及其工作人员的经营管理和执业行为的合规性进行审查、监督和检查。合规负责人不得兼任与合规管理职责相冲突的职务，不得负责管理与合规管理职责相冲突的部门。证券基金经营机构的章程应当对合规负责人的职责、任免条件和程序等作出规定。

第十二条 证券基金经营机构合规负责人应当组织拟定合规管

理的基本制度和其他合规管理制度，督导下属各单位实施。合规管理的基本制度应当明确合规管理的目标、基本原则、机构设置及其职责，违法违规行为及合规风险隐患的报告、处理和责任追究等内容。法律法规和准则发生变动的，合规负责人应当及时建议董事会或高级管理人员并督导有关部门，评估其对合规管理的影响，修改、完善有关制度和业务流程。

第十三条 合规负责人应当对证券基金经营机构内部规章制度、重大决策、新产品和新业务方案等进行合规审查，并出具书面合规审查意见。中国证监会及其派出机构、自律组织要求对证券基金经营机构报送的申请材料或报告进行合规审查的，合规负责人应当审查，并在该申请材料或报告上签署合规审查意见。其他相关高级管理人员等人员应当对申请材料或报告中基本事实和业务数据的真实性、准确性及完整性负责。证券基金经营机构不采纳合规负责人的合规审查意见的，应当将有关事项提交董事会决定。

第十四条 合规负责人应当按照中国证监会及其派出机构的要求和公司规定，对证券基金经营机构及其工作人员经营管理和执业行为的合规性进行监督检查。合规负责人应当协助董事会和高级管理人员建立和执行信息隔离墙、利益冲突管理和反洗钱制度，按照公司规定为高级管理人员、下属各单位提供合规咨询、组织合规培训，指导和督促公司有关部门处理涉及公司和工作人员违法违规行为的投诉和举报。

第十五条 合规负责人应当按照公司规定，向董事会、经营管理主要负责人报告证券基金经营机构经营管理合法合规情况和合规管理工作开展情况。合规负责人发现证券基金经营机构存在违法违规行为或合规风险隐患的，应当依照公司章程规定及时向董事会、经营管理主要负责人报告，提出处理意见，并督促整改。合规负责人应当同时督促公司及时向中国证监会相关派出机构报告；公司未及时报告的，应当直接向中国证监会相关派出机构报告；有关行为违反行业规范和自律规则的，还应当向有关自律组织报告。

第十六条 合规负责人应当及时处理中国证监会及其派出机构和自律组织要求调查的事项，配合中国证监会及其派出机构和自律组织对证券基金经营机构的检查和调查，跟踪和评估监管意见和监管要求的落实情况。

第十七条 合规负责人应当将出具的合规审查意见、提供的合规咨询意见、签署的公司文件、合规检查工作底稿等与履行职责有关的文件、资料存档备查，并对履行职责的情况作出记录。

第三章 合规管理保障

第十八条 合规负责人应当通晓相关法律法规和准则，诚实守信，熟悉证券、基金业务，具有胜任合规管理工作需要的专业知识和技能，并具备下列任职条件：

（一）从事证券、基金工作10年以上，并且通过中国证券业协会或中国证券投资基金业协会组织的合规管理人员胜任能力考试；或者从事证券、基金工作5年以上，并且通过法律职业资格考试；或者在证券监管机构、证券基金业自律组织任职5年以上；

（二）最近3年未被金融监管机构实施行政处罚或采取重大行政监管措施；

（三）中国证监会规定的其他条件。

第十九条 证券基金经营机构聘任合规负责人，应当向中国证监会相关派出机构报送人员简历及有关证明材料。证券公司合规负责人应当经中国证监会相关派出机构认可后方可任职。合规负责人任期届满前，证券基金经营机构解聘的，应当有正当理由，并在有关董事会会议召开10个工作日前将解聘理由书面报告中国证监会相关派出机构。前款所称正当理由，包括合规负责人本人申请，或被中国证监会及其派出机构责令更换，或确有证据证明其无法正常履职、未能勤勉尽责等情形。

第二十条 合规负责人不能履行职务或缺位时，应当由证券基金经营机构董事长或经营管理主要负责人代行其职务，并自决定之日起3个工作日内向中国证监会相关派出机构书面报告，代行职务的时间不得超过6个月。合规负责人提出辞职的，应当提前1个月向公司董事会提出申请，并向中国证监会相关派出机构报告。在辞职申请获得批准之前，合规负责人不得自行停止履行职责。合规负责人缺位的，公司应当在6个月内聘请符合本办法第十八条规定的人员担任合规负责人。

第二十一条 证券基金经营机构应当设立合规部门。合规部门对合规负责人负责，按照公司规定和合规负责人的安排履行合规管理职责。合规部门不得承担与合规管理相冲突的其他职责。证券基金经营机构应当明确合规部门与其他内部控制部门之间的职责分工，建立内部控制部门协调互动的工作机制。

第二十二条 证券基金经营机构应当为合规部门配备足够的、具备与履行合规管理职责相适应的专业知识和技能的合规管理人员。合规部门中具备3年以上证券、金融、法律、会计、信息技术等有关领域工作经历的合规管理人员数量不得低于公司总部人数的一定比例，具体比例由协会规定。

第二十三条 证券基金经营机构各业务部门、各分支机构应当配备符合本办法第二十二条规定的合规管理人员。合规管理人员可以兼任与合规管理职责不相冲突的职务。合规风险管控难度较大的部门和分支机构应当配备专职合规管理人员。

第二十四条 证券基金经营机构应当将各层级子公司的合规管理纳入统一体系，明确子公司向母公司报告的合规管理事项，对子公司的合规管理制度进行审查，对子公司经营管理行为的合规性进行监督和检查，确保子公司合规管理工作符合母公司的要求。从事另类投资、私募基金管理、基金销售等活动的子公司，应当由证券基金经营机构选派人员作为子公司高级管理人员负责合规管理工作，并由合规负责人考核和管理。

第二十五条 证券基金经营机构应当保障合规负责人和合规管理人员充分履行职责所需的知情权和调查权。证券基金经营机构召开董事会会议、经营决策会议等重要会议以及合规负责人要求参加或者列席的会议的，应当提前通知合规负责人。合规负责人有权根据履职需要参加或列席有关会议，查阅、复制有关文件、资料。合规负责人根据履行职责需要，有权要求证券基金经营机构有关人员对相关事项作出说明，向为公司提供审计、法律等中介服务的机构了解情况。合规负责人认为必要时，可以证券基金经营机构名义直接聘请外部专业机构或人员协助其工作，费用由公司承担。

第二十六条 证券基金经营机构应当保障合规负责人和合规管理人员的独立性。证券基金经营机构的股东、董事和高级管理人员不得违反规定的职责和程序，直接向合规负责人下达指令或者干涉其工作。

证券基金经营机构的董事、监事、高级管理人员和下属各单位应当支持和配合合规负责人、合规部门及本单位合规管理人员的工作，不得以任何理由限制、阻挠合规负责人、合规部门和合规管理人员履行职责。

第二十七条 合规部门及专职合规管理人员由合规负责人考核。对兼职合规管理人员进行考核时，合规负责人所占权重应当超过50%。证券基金经营机构应当制定合规负责人、合规部门及专职合规管理人员的考核管理制度，不得采取其他部门评价、以业务部门的经营业绩为依据等不利于合规独立性的考核方式。证券基金经营机构董事会对合规负责人进行年度考核时，应当就其履行职责情况及考核意见书面征求中国证监会相关派出机构的意见，中国证监会相关派出机构可以根据掌握的情况建议董事会调整考核结果。证券基金经营机构对高级管理人员和下属各单位的考核应当包括合规负责人对其合规管理有效性、经营管理和执业行为合规性的专项考核内容。合规性专项考核占总考核结果的比例不得低于协会的规定。

第二十八条 证券基金经营机构应当制定合规负责人与合规管理人员的薪酬管理制度。合规负责人工作称职的,其年度薪酬收入总额在公司高级管理人员年度薪酬收入总额中的排名不得低于中位数;合规管理人员工作称职的,其年度薪酬收入总额不得低于公司同级别人员的平均水平。

第二十九条 中国证监会及其派出机构和自律组织支持证券基金经营机构合规负责人依法开展工作,组织行业合规培训和交流,并督促证券基金经营机构为合规负责人提供充足的履职保障。

第四章 监督管理与法律责任

第三十条 证券基金经营机构应当在报送年度报告的同时向中国证监会相关派出机构报送年度合规报告。年度合规报告包括下列内容:

（一）证券基金经营机构和各层级子公司合规管理的基本情况;

（二）合规负责人履行职责情况;

（三）违法违规行为、合规风险隐患的发现及整改情况;

（四）合规管理有效性的评估及整改情况;

（五）中国证监会及其派出机构要求或证券基金经营机构认为需要报告的其他内容。证券基金经营机构的董事、高级管理人员应当对年度合规报告签署确认意见,保证报告的内容真实、准确、完整;对报告内容有异议的,应当注明意见和理由。

第三十一条 证券基金经营机构应当组织内部有关机构和部门或者委托具有专业资质的外部专业机构对公司合规管理的有效性进行评估,及时解决合规管理中存在的问题。对合规管理有效性的全面评估,每年不得少于1次。委托具有专业资质的外部专业机构进行的全面评估，每 3 年至少进行 1 次。中国证监会及其派出机构发现证券基金经营机构存在违法违规行为或重大合规风险隐患的，可以要求证券基金经营机构委托指定的具有专业资质的外部专业机构对公司合规管理的有效性进行评估，并督促其整改。

第三十二条 证券基金经营机构违反本办法规定的，中国证监会可以采取出具警示函、责令定期报告、责令改正、监管谈话等行政监管措施；对直接负责的董事、监事、高级管理人员和其他责任人员，可以采取出具警示函、责令参加培训、责令改正、监管谈话、认定为不适当人选等行政监管措施。证券基金经营机构违反本办法规定导致公司出现治理结构不健全、内部控制不完善等情形的，对证券基金经营机构及其直接负责的董事、监事、高级管理人员和其他直接责任人员，依照《中华人民共和国证券投资基金法》第二十四条、《证券公司监督管理条例》第七十条采取行政监管措施。

第三十三条 合规负责人违反本办法规定的，中国证监会可以采取出具警示函、责令参加培训、责令改正、监管谈话、认定为不适当人选等行政监管措施。

第三十四条 证券基金经营机构的董事、监事、高级管理人员未能勤勉尽责，致使公司存在重大违法违规行为或者重大合规风险的，依照《中华人民共和国证券法》第一百五十二条、《中华人民共和国证券投资基金法》第二十五条采取行政监管措施。

第三十五条 证券基金经营机构违反本办法第十八条、第十九条、第二十条、第二十一条、第二十二条、第二十三条、第二十四条、第二十五条、第二十六条、第二十七条、第二十八条规定，情节严重的，对证券基金经营机构及其直接负责的董事、监事、高级管理人员和其他直接责任人员，处以警告、3 万元以下罚款。

合规负责人未按照本办法第十五条第二款的规定及时向中国证监会相关派出机构报告重大违法违规行为的，处以警告、3 万元以下罚款。

第三十六条 证券基金经营机构通过有效的合规管理,主动发现违法违规行为或合规风险隐患,积极妥善处理,落实责任追究,完善内部控制制度和业务流程并及时向中国证监会或其派出机构报告的,依法从轻、减轻处理;情节轻微并及时纠正违法违规行为或避免合规风险,没有造成危害后果的,不予追究责任。对于证券基金经营机构的违法违规行为,合规负责人已经按照本办法的规定尽职履行审查、监督、检查和报告职责的,不予追究责任。

第五章 附 则

第三十七条 本办法下列用语的含义:

(一)合规负责人,包括证券公司的合规总监和证券投资基金管理公司的督察长。

(二)中国证监会相关派出机构,包括证券公司住所地的中国证监会派出机构,和证券投资基金管理公司住所地或者经营所在地的中国证监会派出机构。

第三十八条 中国证监会根据审慎监管的原则,可以提高对行业重要性证券基金经营机构的合规管理要求,并可以采取增加现场检查频率、强化合规负责人任职监管、委托外部专业机构协助开展工作等方式加强合规监管。前款所称行业重要性证券基金经营机构,是指中国证监会认定的,公司内部经营活动可能导致证券基金行业、证券市场产生重大风险的证券基金经营机构。

第三十九条 开展公开募集证券投资基金管理业务的保险资产管理机构、私募资产管理机构等,参照本办法执行。

第四十条 本办法自2017年10月1日起施行。《证券投资基金管理公司督察长管理规定》(证监基金字〔2006〕85号)、《证券公司合规管理试行规定》(证监会公告〔2008〕30号)同时废止。

证券投资者保护基金管理办法

中国证券监督管理委员会令

第 124 号

经国务院批准，现公布修订后的《证券投资者保护基金管理办法》，自 2016 年 6 月 1 日起施行。

中国证券监督管理委员会主席
中华人民共和国财政部部长
中国人民银行行长
2016 年 4 月 19 日

第一章 总 则

第一条 为建立防范和处置证券公司风险的长效机制，维护社会经济秩序和社会公共利益，保护证券投资者的合法权益，促进证券市场有序、健康发展，制定本办法。

第二条 证券投资者保护基金（以下简称基金）是指按照本办法筹集形成的、在防范和处置证券公司风险中用于保护证券投资者利益的资金。

设立国有独资的中国证券投资者保护基金有限责任公司（以下简称基金公司），负责基金的筹集、管理和使用。

第三条 基金主要用于按照国家有关政策规定对债权人予以偿付。

第四条 证券交易活动实行公开、公平、公正和投资者投资决策自主、投资风险自担的原则。

投资者在证券投资活动中因证券市场波动或投资产品价值本身发生变化所导致的损失，由投资者自行负担。

第五条 基金按照取之于市场、用之于市场的原则筹集。基金的筹集方式、标准，由中国证券监督管理委员会（以下简称证监会）商财政部、中国人民银行决定。

第六条 基金公司依据国家有关法律、法规及本办法独立运作，基金公司董事会对基金的合规使用及安全负责。

第二章 基金公司职责和组织机构

第七条 基金公司的职责为：

（一）筹集、管理和运作基金；

（二）监测证券公司风险，参与证券公司风险处置工作；

（三）证券公司被撤销、被关闭、破产或被证监会实施行政接管、托管经营等强制性监管措施时，按照国家有关政策规定对债权人予以偿付；

（四）组织、参与被撤销、关闭或破产证券公司的清算工作；

（五）管理和处分受偿资产，维护基金权益；

（六）发现证券公司经营管理中出现可能危及投资者利益和证券市场安全的重大风险时，向证监会提出监管、处置建议；对证券公司运营中存在的风险隐患会同有关部门建立纠正机制；

（七）国务院批准的其他职责。

第八条 基金公司应当与证监会建立证券公司信息共享机制，证监会定期向基金公司通报关于证券公司财务、业务等的经营管理信息。

证监会认定存在风险隐患的证券公司，应按照规定直接向基金公司报送财务、业务等经营管理信息和资料。

第九条 基金公司设立董事会。董事会由9名董事组成。其中4人为执行董事，其他为非执行董事。董事长人选由证监会商财政部、中国人民银行确定后，报国务院备案。

第十条 董事会为基金公司的决策机构，负责制定基本管理制度，决定内部管理机构设置，聘任或者解聘高级管理人员，对基金的筹集、管理和使用等重大事项做出决定，并行使基金公司章程规定的其他职权。

第十一条 基金公司董事会按季召开例会。董事长或1/3以上的董事联名提议时，可以召开临时董事会会议。

董事会会议由全体董事2/3以上出席方可举行。董事会会议决议，由全体董事1/2以上表决通过方为有效。

第十二条 基金公司设总经理1人，副总经理若干人。总经理负责主持公司的经营管理工作，执行董事会决议。总经理、副总经理由证监会提名，董事会聘任或者解聘。

第十三条 基金公司章程由证监会商财政部、中国人民银行依照法律、行政法规和本办法制定。

第三章 基金筹集

第十四条 基金的来源：

（一）上海、深圳证券交易所在风险基金分别达到规定的上限后，交易经手费的20%纳入基金；

（二）所有在中国境内注册的证券公司，按其营业收入的

0.5—5%缴纳基金；

经营管理或运作水平较差、风险较高的证券公司，应当按较高比例缴纳基金。各证券公司的具体缴纳比例由基金公司根据证券公司风险状况确定后，报证监会批准，并按年进行调整。证券公司缴纳的基金在其营业成本中列支；

（三）发行股票、可转债等证券时，申购冻结资金的利息收入；

（四）依法向有关责任方追偿所得和从证券公司破产清算中受偿收入；

（五）国内外机构、组织及个人的捐赠；

（六）其他合法收入。

第十五条 基金公司设立时，财政部专户储存的历年认购新股冻结资金利差余额，一次性划入，作为基金公司的注册资本；中国人民银行安排发放专项再贷款，垫付基金的初始资金。专项再贷款余额的上限以国务院批准额度为准。

第十六条 根据防范和处置证券公司风险的需要，基金公司可以多种形式进行融资。必要时，经国务院批准，基金公司可以通过发行债券等方式获得特别融资。

基金公司因履行职责需要流动性支持时，证监会会同中国人民银行报请国务院批准后，可以向中国人民银行申请再贷款。

第十七条 证券公司采用当年预缴、次年汇算清缴的方式缴纳基金。

证券公司应在年度审计结束后，根据其审计后的收入和事先核定的比例确定需要缴纳的基金金额，并及时向基金公司申报清缴。

第十八条 中国证券登记结算有限责任公司及各主承销商应于每季结息后5个工作日内，将证券发行申购冻结资金利息全额划入基金公司指定的账户；证券交易所应于每季后10个工作日内，将交易经手费中应纳入基金的部分划入基金公司指定的账户。

第四章　基金使用

第十九条　基金的用途为：
（一）证券公司被撤销、被关闭、破产或被证监会实施行政接管、托管经营等强制性监管措施时，按照国家有关政策规定对债权人予以偿付；
（二）国务院批准的其他用途。

第二十条　为处置证券公司风险需要动用基金的，证监会根据证券公司的风险状况制定风险处置方案，基金公司制定基金使用方案，报经国务院批准后，由基金公司办理发放基金的具体事宜。

第二十一条　基金公司使用基金偿付证券公司债权人后，取得相应的受偿权，依法参与证券公司的清算。

第五章　管理和监督

第二十二条　基金公司应依法合规运作，按照安全、稳健的原则履行对基金的管理职责，保证基金的安全。
基金的资金运用限于银行存款、购买政府债券、中央银行票据、中央企业债券、信用等级较高的金融机构发行的金融债券以及国务院批准的其他资金运用形式。

第二十三条　基金公司日常运营费用按照国家有关规定列支，具体支取范围、标准及预决算等由基金公司董事会制定，报财政部审批。

第二十四条　证监会负责基金公司的业务监管，监督基金的筹集、管理与使用。财政部负责基金公司的国有资产管理和财务监督。中国人民银行负责对基金公司向其借用再贷款资金的合规使用情况进行检查监督。

第二十五条 基金公司应建立科学的业绩考评制度，并将考核结果定期报送证监会、财政部、中国人民银行。

第二十六条 基金公司应建立信息报告制度，编制基金筹集、管理、使用的月报信息，报送证监会、财政部、中国人民银行。基金公司每年应向财政部专题报告财务收支及预算、决算执行情况，接受财政部的监督检查。基金公司每年应向中国人民银行专题报告再贷款资金的使用情况，接受中国人民银行的监督检查。

第二十七条 证监会应按年度向国务院报告基金公司运作和证券公司风险处置情况，同时抄送财政部、中国人民银行。

第二十八条 证券公司、托管清算机构应按规定用途使用基金，不得将基金挪作他用。

基金公司对使用基金的情况进行检查，并可委托中介机构进行专项审计。接受检查的证券公司或托管清算机构及有关单位、个人应予以配合。

第二十九条 基金公司、证券公司及托管清算机构应妥善保管基金的收划款凭证、兑付清单及原始凭证，确保原始档案的完整性，并建立基金核算台账。

第三十条 证监会负责监督证券公司按期足额缴纳基金以及按期向基金公司如实报送财务、业务等经营管理信息、资料和基金公司监测风险所需的涉及客户资金安全的数据、材料。

证券公司违反前款规定的，证监会应按有关规定进行处理。

第三十一条 对挪用、侵占或骗取基金的违法行为，依法严厉打击；对有关人员的失职行为，依法追究其责任；涉嫌犯罪的，移送司法机关依法追究其刑事责任。

第六章 附 则

第三十二条 本办法所称托管清算机构，是指证券公司被行政接管、托管经营、撤销、关闭或破产时,对证券公司实施行政接管的接管组、实施托管经营的托管组或依法成立的行政清理组。

第三十三条 本办法自 2016 年 6 月 1 日起施行。

第三十四条 本办法由证监会会同财政部、中国人民银行负责解释。

证券公司风险控制指标管理办法

中国证券监督管理委员会令

第 124 号

《关于修改〈证券公司风险控制指标管理办法〉的决定》已经 2016 年 3 月 31 日中国证券监督管理委员会 2016 年第 5 次主席办公会议审议通过,现予公布,自 2016 年 10 月 1 日起施行。

中国证券监督管理委员会主席

2016 年 6 月 16 日

(2006 年 7 月 5 日中国证券监督管理委员会第 185 次主席办公会议审议通过;根据 2008 年 6 月 24 日中国证券监督管理委员会《关于修改〈证券公司风险控制指标管理办法〉的决定》、2016 年 6 月 16 日中国证券监督管理委员会《关于修改〈证券公司风险控制指标管理办法〉的决定》修正)

第一章 总 则

第一条 为了建立以净资本和流动性为核心的风险控制指标体系，加强证券公司风险监管，督促证券公司加强内部控制、提升风险管理水平、防范风险，根据《证券法》等有关法律、行政法规，制定本办法。

第二条 证券公司应当按照中国证券监督管理委员会（以下简称中国证监会）的有关规定，遵循审慎、实质重于形式的原则，计算净资本、风险覆盖率、资本杠杆率、流动性覆盖率、净稳定资金率等各项风险控制指标，编制净资本计算表、风险资本准备计算表、表内外资产总额计算表、流动性覆盖率计算表、净稳定资金率计算表、风险控制指标计算表等监管报表（以下统称风险控制指标监管报表）。

第三条 中国证监会可以根据市场发展情况和审慎监管原则，对各项风险控制指标标准及计算要求进行动态调整；调整之前，应当公开征求行业意见，并为调整事项的实施作出过渡性安排。

对于未规定风险控制指标标准及计算要求的新产品、新业务，证券公司在投资该产品或者开展该业务前，应当按照规定事先向中国证监会、公司注册地的中国证监会派出机构（以下简称派出机构）报告或者报批。中国证监会根据证券公司新产品、新业务的特点和风险状况，在征求行业意见基础上确定相应的风险控制指标标准及计算要求。

第四条 中国证监会可以按照分类监管原则，根据证券公司的治理结构、内控水平和风险控制情况，对不同类别公司的风险控制指标标准和计算要求，以及某项业务的风险资本准备计算比例进行动态调整。

第五条 中国证监会及其派出机构应当对证券公司净资本等各

项风险控制指标数据的生成过程及计算结果的真实性、准确性、完整性进行定期或者不定期检查。

中国证监会及其派出机构可以根据监管需要，要求证券公司聘请具有证券、期货相关业务资格的会计师事务所对其风险控制指标监管报表进行审计。

第六条 证券公司应当根据中国证监会有关规定建立符合自身发展战略需要的全面风险管理体系。证券公司应当将所有子公司以及比照子公司管理的各类孙公司纳入全面风险管理体系，强化分支机构风险管理，实现风险管理全覆盖。全面风险管理体系应当包括可操作的管理制度、健全的组织架构、可靠的信息技术系统、量化的风险指标体系、专业的人才队伍、有效的风险应对机制。

证券公司应当任命一名具有风险管理相关专业背景、任职经历、履职能力的高级管理人员为首席风险官，由其负责全面风险管理工作。

第七条 证券公司应当根据自身资产负债状况和业务发展情况，建立动态的风险控制指标监控和资本补足机制，确保净资本等各项风险控制指标在任一时点都符合规定标准。

证券公司应当在发生重大业务事项及分配利润前对风险控制指标进行压力测试，合理确定有关业务及分配利润的最大规模。

证券公司应当建立健全压力测试机制，及时根据市场变化情况及监管部门要求，对公司风险控制指标进行压力测试。

压力测试结果显示风险超过证券公司自身承受能力范围的，证券公司应采取措施控制业务规模或降低风险。

第八条 证券公司应当聘请具有证券、期货相关业务资格的会计师事务所对其年度风险控制指标监管报表进行审计。

第九条 会计师事务所及其注册会计师应当勤勉尽责，对证券公司风险控制指标监管报表的真实性、准确性、完整性进行审计，并发表恰当的审计意见。

第二章　净资本及其计算

第十条　证券公司净资本由核心净资本和附属净资本构成。其中：

核心净资本＝净资产－资产项目的风险调整－或有负债的风险调整－/＋中国证监会认定或核准的其他调整项目。

附属净资本＝长期次级债×规定比例－/＋中国证监会认定或核准的其他调整项目。

第十一条　证券公司应当按照中国证监会规定的证券公司净资本计算标准计算净资本。

第十二条　证券公司计算核心净资本时，应当按照规定对有关项目充分计提资产减值准备。

中国证监会及其派出机构可以要求公司专项说明资产减值准备提取的充足性和合理性。有证据表明公司未充分计提资产减值准备的，中国证监会及其派出机构可以责令公司整改并追究相关人员责任。

第十三条　证券公司应当根据公司期末或有事项的性质（如未决诉讼、未决仲裁、对外提供担保等）、涉及金额、形成原因和进展情况、可能发生的损失和预计损失进行相应会计处理。对于很可能导致经济利益流出公司的或有事项，应当确认预计负债；对于未确认预计负债，但仍可能导致经济利益流出公司的或有事项，在计算核心净资本时，应当作为或有负债，按照一定比例在净资本中予以扣减，并在净资本计算表的附注中披露。

第十四条　证券公司对控股证券业务子公司出具承诺书提供担保承诺的，应当按照担保承诺金额的一定比例扣减核心净资本。从事证券承销与保荐、证券资产管理业务等中国证监会认可的子公司可以将母公司提供的担保承诺按照一定比例计入核心净资本。

第十五条 证券公司向股东或机构投资者借入或发行的次级债,可以按照一定比例计入附属净资本或扣减风险资本准备。具体规定由中国证监会另行制定。

第三章 风险控制指标标准

第十六条 证券公司经营证券经纪业务的,其净资本不得低于人民币 2000 万元。

证券公司经营证券承销与保荐、证券自营、证券资产管理、其他证券业务等业务之一的,其净资本不得低于人民币 5000 万元。

证券公司经营证券经纪业务,同时经营证券承销与保荐、证券自营、证券资产管理、其他证券业务等业务之一的,其净资本不得低于人民币 1 亿元。

证券公司经营证券承销与保荐、证券自营、证券资产管理、其他证券业务中两项及两项以上的,其净资本不得低于人民币 2 亿元。

第十七条 证券公司必须持续符合下列风险控制指标标准:

(一) 风险覆盖率不得低于 100%;

(二) 资本杠杆率不得低于 8%;

(三) 流动性覆盖率不得低于 100%;

(四) 净稳定资金率不得低于 100%;

其中:

风险覆盖率=净资本/各项风险资本准备之和×100%;

资本杠杆率=核心净资本/表内外资产总额×100%;

流动性覆盖率=优质流动性资产/未来 30 天现金净流出量×100%;

净稳定资金率=可用稳定资金/所需稳定资金×100%。

第十八条 证券公司应当按照中国证监会规定的证券公司风险

资本准备计算标准计算市场风险、信用风险、操作风险资本准备。中国证监会可以根据特定产品或业务的风险特征，以及监督检查结果，要求证券公司计算特定风险资本准备。

市场风险资本准备按照各类金融工具市场风险特征的不同，用投资规模乘以风险系数计算；信用风险资本准备按照各表内外项目信用风险程度的不同，用资产规模乘以风险系数计算；操作风险资本准备按照各项业务收入的一定比例计算。

证券公司可以采取内部模型法等风险计量高级方法计算风险资本准备，具体规定由中国证监会另行制定。

第十九条 证券公司经营证券自营业务、为客户提供融资或融券服务的，应当符合中国证监会对该项业务的风险控制指标标准。

第二十条 证券公司可以结合自身实际情况，在不低于中国证监会规定标准的基础上，确定相应的风险控制指标标准。

第二十一条 中国证监会对各项风险控制指标设置预警标准，对于规定"不得低于"一定标准的风险控制指标，其预警标准是规定标准的120%；对于规定"不得超过"一定标准的风险控制指标，其预警标准是规定标准的80%。

第四章 编制和披露

第二十二条 设有子公司的证券公司应当以母公司数据为基础，编制风险控制指标监管报表。

中国证监会及其派出机构可以根据监管需要，要求证券公司以合并数据为基础编制风险控制指标监管报表。

第二十三条 证券公司的董事、高级管理人员应当对公司半年度、年度风险控制指标监管报表签署确认意见。

证券公司经营管理的主要负责人、首席风险官、财务负责人应当对公司月度风险控制指标监管报表签署确认意见。在证券公司风险控制指标监管报表上签字的人员，应当保证风险控制指标监管报表真实、准确、完整，不存在虚假记载、误导性陈述和重大遗漏；对风险控制指标监管报表内容持有异议的，应当在报表上注明自己的意见和理由。

第二十四条 证券公司应当至少每半年经主要负责人、首席风险官签署确认后，向公司全体董事报告一次公司净资本等风险控制指标的具体情况和达标情况；证券公司应当至少每半年经董事会签署确认，向公司全体股东报告一次公司净资本等风险控制指标的具体情况和达标情况，并至少获得主要股东的签收确认证明文件。

净资本指标与上月相比发生 20% 以上不利变化或不符合规定标准时，证券公司应当在 5 个工作日内向公司全体董事报告，10 个工作日内向公司全体股东报告。

第二十五条 证券公司应当在每月结束之日起 7 个工作日内，向中国证监会及其派出机构报送月度风险控制指标监管报表。

派出机构可以根据监管需要，要求辖区内单个、部分或者全部证券公司在一定阶段内按周或者按日编制并报送各项风险控制指标监管报表。

第二十六条 证券公司的净资本等风险控制指标与上月相比发生不利变化超过 20% 的，应当在该情形发生之日起 3 个工作日内，向中国证监会及其派出机构报告，说明基本情况和变化原因。

第二十七条 证券公司的净资本等风险控制指标达到预警标准或者不符合规定标准的，应当分别在该情形发生之日起 3 个、1 个工作日内，向中国证监会及其派出机构报告，说明基本情况、问题成因以及解决问题的具体措施和期限。

第五章 监督管理

第二十八条 证券公司的财务会计报告、风险控制指标监管报表被注册会计师出具了保留意见、带强调事项段或其他事项段无保留意见的,证券公司应当就涉及事项进行专项说明。

涉及事项不属于明显违反会计准则、证券公司净资本计算规则等有关规定的,中国证监会及其派出机构可以要求证券公司说明该事项对公司净资本等风险控制指标的影响。

涉及事项属于明显违反会计准则、证券公司净资本计算规则等有关规定的,中国证监会及其派出机构可以要求证券公司限期纠正、重新编制风险控制指标监管报表;证券公司未限期纠正的,中国证监会及其派出机构可以认定其净资本等风险控制指标低于规定标准。

第二十九条 证券公司的财务会计报告、风险控制指标监管报表被注册会计师出具了无法表示意见或者否定意见的,中国证监会及其派出机构可以认定其净资本等风险控制指标低于规定标准。

第三十条 证券公司未按照监管部门要求报送风险控制指标监管报表,或者风险控制指标监管报表存在重大错报、漏报以及虚假报送情况,中国证监会及其派出机构可以根据情况采取出具警示函、责令改正、监管谈话、责令处分有关人员等监管措施。

第三十一条 证券公司净资本或者其他风险控制指标不符合规定标准的,派出机构应当责令公司限期改正,在 5 个工作日制定并报送整改计划,整改期限最长不超过 20 个工作日;证券公司未按时报送整改计划的,派出机构应当立即限制其业务活动。

整改期内,中国证监会及其派出机构应当区别情形,对证券公司采取下列措施:

(一) 停止批准新业务;

(二) 停止批准增设、收购营业性分支机构;

(三) 限制分配红利;

(四) 限制转让财产或在财产上设定其他权利。

第三十二条 证券公司整改后,经派出机构验收符合有关风险控制指标的，中国证监会及其派出机构应当自验收完毕之日起3个工作日内解除对其采取的有关措施。

第三十三条 证券公司未按期完成整改的，自整改期限到期的次日起，派出机构应当区别情形，对其采取下列措施：

（一）限制业务活动；

（二）责令暂停部分业务；

（三）限制向董事、监事、高级管理人员支付报酬、提供福利；

（四）责令更换董事、监事、高级管理人员或者限制其权利；

（五）责令控股股东转让股权或者限制有关股东行使股东权利；

（六）认定董事、监事、高级管理人员为不适当人选；

（七）中国证监会及其派出机构认为有必要采取的其他措施。

第三十四条 证券公司未按期完成整改、风险控制指标情况继续恶化，严重危及该证券公司的稳健运行的，中国证监会可以撤销其有关业务许可。

第三十五条 证券公司风险控制指标无法达标，严重危害证券市场秩序、损害投资者利益的，中国证监会可以区别情形，对其采取下列措施：

（一）责令停业整顿；

（二）指定其他机构托管、接管；

（三）撤销经营证券业务许可；

（四）撤销。

第六章 附 则

第三十六条 本办法下列用语的含义：

（一）风险资本准备：指证券公司在开展各项业务等过程中，因市场风险、信用风险、操作风险等可能引起的非预期损失所需要的资本。证券公司应当按照一定标准计算风险资本准备并与净资本建立对应关系,确保风险资本准备有对应的净资本支撑。

(二)负债:指对外负债,不含代理买卖证券款、信用交易代理买卖证券款、代理承销证券款。

(三)资产:指自有资产,不含客户资产。

(四)或有负债:指过去的交易或者事项形成的潜在义务,其存在须通过未来不确定事项的发生或者不发生予以证实;或过去的交易或者事项形成的现时义务,履行该义务不是很可能导致经济利益流出企业或该义务的金额不能可靠计量。

(五)表内外资产总额:表内资产余额与表外项目余额之和。

第三十七条 本办法自 2006 年 11 月 1 日起施行。

证券公司融资融券业务管理办法

中国证券监督管理委员会令

第 117 号

《证券公司融资融券业务管理办法》已经 2015 年 6 月 3 日中国证券监督管理委员会第 96 次主席办公会议审议通过，现予公布，自公布之日起施行。

中国证券监督管理委员会主席
2015 年 7 月 1 日

第一章 总 则

第一条 为了规范证券公司融资融券业务活动，完善证券交易机制，防范证券公司的风险，保护证券投资者的合法权益和社会公共利益，促进证券市场平稳健康发展，制定本办法。

第二条 证券公司开展融资融券业务，应当遵守法律、行政法规和本办法的规定，加强内部控制，严格防范和控制风险，切实维护客户合法权益。

本办法所称融资融券业务，是指向客户出借资金供其买入证券或者出借证券供其卖出,并收取担保物的经营活动。

第三条 证券公司开展融资融券业务,必须经中国证券监督管理委员会(以下简称证监会)批准。未经证监会批准,任何证券公司不得向客户融资、融券,也不得为客户与客户、客户与他人之间的融资融券活动提供任何便利和服务。

第四条 证券公司经营融资融券业务不得有以下行为:

(一)诱导不适当的客户开展融资融券业务;

(二)未向客户充分揭示风险;

(三)违规挪用客户担保物;

(四)进行利益输送和商业贿赂;

(五)为客户进行内幕交易、操纵市场、规避信息披露义务及其他不正当交易活动提供便利;

(六)法律、行政法规和证监会规定禁止的其他行为。

第五条 证监会及其派出机构依照法律、行政法规和本办法的规定,对证券公司融资融券业务活动进行监督管理。

中国证券业协会、证券交易所、证券登记结算机构按照本机构的章程和规则,对证券公司融资融券业务活动进行自律管理。中国证券金融公司对证券公司融资融券业务和客户融资融券交易情况进行监测监控。

第六条 证监会建立健全融资融券业务的逆周期调节机制,对融资融券业务实施宏观审慎管理。

证券交易所建立融资融券业务风险控制指标浮动管理机制,对融资融券业务实施逆周期调节。

第二章 业务许可

第七条 证券公司申请融资融券业务资格,应当具备下列条件:

(一)具有证券经纪业务资格;

（二）公司治理健全，内部控制有效，能有效识别、控制和防范业务经营风险和内部管理风险；

（三）公司最近2年内不存在因涉嫌违法违规正被证监会立案调查或者正处于整改期间的情形；

（四）财务状况良好，最近2年各项风险控制指标持续符合规定，注册资本和净资本符合增加融资融券业务后的规定；

（五）客户资产安全、完整，客户交易结算资金第三方存管有效实施，客户资料完整真实；

（六）已建立完善的客户投诉处理机制，能够及时、妥善处理与客户之间的纠纷；

（七）已建立符合监管规定和自律要求的客户适当性制度，实现客户与产品的适当性匹配管理；

（八）信息系统安全稳定运行，最近1年未发生因公司管理问题导致的重大事件，融资融券业务技术系统已通过证券交易所、证券登记结算机构组织的测试；

（九）有拟负责融资融券业务的高级管理人员和适当数量的专业人员；

（十）证监会规定的其他条件。

第八条　证券公司申请融资融券业务资格，应当向证监会提交下列材料，同时抄报住所地证监会派出机构：

（一）融资融券业务资格申请书；

（二）股东会（股东大会）关于经营融资融券业务的决议；

（三）融资融券业务方案、内部管理制度文本和按照本办法第十二条制定的选择客户的标准；

（四）负责融资融券业务的高级管理人员与业务人员的名册及资格证明文件；

（五）证券交易所、证券登记结算机构出具的关于融资融券业务技术系统已通过测试的证明文件；

（六）证监会要求提交的其他文件。

证券公司的法定代表人和经营管理的主要负责人应当在融资融券业务资格申请书上签字，承诺申请材料的内容真实、准确、完整，并对申请材料中存在的虚假记载、误导性陈述和重大遗漏承担相应的法律责任。

第九条 获得批准的证券公司应当按照规定，向公司登记机关申请业务范围变更登记，向证监会申请换发《经营证券业务许可证》。

取得证监会换发的《经营证券业务许可证》后，证券公司方可开展融资融券业务。

第三章 业务规则

第十条 证券公司经营融资融券业务，应当以自己的名义，在证券登记结算机构分别开立融券专用证券账户、客户信用交易担保证券账户、信用交易证券交收账户和信用交易资金交收账户。

融券专用证券账户用于记录证券公司持有的拟向客户融出的证券和客户归还的证券，不得用于证券买卖；客户信用交易担保证券账户用于记录客户委托证券公司持有、担保证券公司因向客户融资融券所生债权的证券；信用交易证券交收账户用于客户融资融券交易的证券结算；信用交易资金交收账户用于客户融资融券交易的资金结算。

第十一条 证券公司经营融资融券业务，应当以自己的名义，在商业银行分别开立融资专用资金账户和客户信用交易担保资金账户。

融资专用资金账户用于存放证券公司拟向客户融出的资金及客户归还的资金；客户信用交易担保资金账户用于存放客户交存的、担保证券公司因向客户融资融券所生债权的资金。

第十二条 证券公司在向客户融资、融券前,应当办理客户征信,了解客户的身份、财产与收入状况、证券投资经验和风险偏好、诚信合规记录等情况,做好客户适当性管理工作,并以书面或者电子方式予以记载、保存。

对未按照要求提供有关情况、从事证券交易时间不足半年、缺乏风险承担能力、最近20个交易日日均证券类资产低于50万元或者有重大违约记录的客户,以及本公司的股东、关联人,证券公司不得为其开立信用账户。

专业机构投资者参与融资、融券,可不受前款从事证券交易时间、证券类资产的条件限制。

本条第二款所称股东,不包括仅持有上市证券公司5%以下流通股份的股东。

证券公司应当按照适当性制度要求,制定符合本条规定的选择客户的具体标准。

第十三条 证券公司在向客户融资、融券前,应当与其签订载有中国证券业协会规定的必备条款的融资融券合同,明确约定下列事项:

(一)融资、融券的额度、期限、利率(费率)、利息(费用)的计算方式;

(二)保证金比例、维持担保比例、可充抵保证金的证券的种类及折算率、担保债权范围;

(三)追加保证金的通知方式、追加保证金的期限;

(四)客户清偿债务的方式及证券公司对担保物的处分权利;

(五)融资买入证券和融券卖出证券的权益处理;

(六)违约责任;

(七)纠纷解决途径;

(八)其他有关事项。

第十四条 融资融券合同应当约定,证券公司客户信用交易担保证券账户内的证券和客户信用交易担保资金账户内的资金,为担保证券公司因融资融券所生对客户债权的信托财产。

证券公司与客户约定的融资、融券期限不得超过证券交易所规定的期限;融资利率、融券费率由证券公司与客户自主商定。

合约到期前,证券公司可以根据客户的申请为客户办理展期,每次展期期限不得超过证券交易所规定的期限。

证券公司在为客户办理合约展期前,应当对客户的信用状况、负债情况、维持担保比例水平等进行评估。

第十五条 证券公司与客户签订融资融券合同前,应当采用适当的方式向客户讲解业务规则和合同内容,明确告知客户权利、义务及风险,特别是关于违约处置的风险控制安排,并将融资融券交易风险揭示书交由客户书面确认。

第十六条 证券公司与客户签订融资融券合同后,应当根据客户的申请,按照证券登记结算机构的规定,为其开立实名信用证券账户。客户信用证券账户与其普通证券账户的开户人姓名或者名称应当一致。

客户信用证券账户是证券公司客户信用交易担保证券账户的二级账户,用于记载客户委托证券公司持有的担保证券的明细数据。

证券公司应当委托证券登记结算机构根据清算、交收结果等,对客户信用证券账户内的数据进行变更。

第十七条 证券公司应当参照客户交易结算资金第三方存管的方式,与其客户及商业银行签订客户信用资金存管协议。

证券公司在与客户签订融资融券合同后,应当通知商业银行根据客户的申请,为其开立实名信用资金账户。

客户信用资金账户是证券公司客户信用交易担保资金账户的二级账户,用于记载客户交存的担保资金的明细数据。

商业银行根据证券公司提供的清算、交收结果等,对客户信用资金账户内的数据进行变更。

第十八条 证券公司向客户融资,只能使用融资专用资金账户内的资金;向客户融券,只能使用融券专用证券账户内的证券。客户融资买入、融券卖出的证券,不得超出证券交易所规定的范围。

客户在融券期间卖出其持有的、与所融入证券相同的证券的,应当符合证券交易所的规定,不得以违反规定卖出该证券的方式操纵市场。

第十九条 证券公司经营融资融券业务,按照客户委托发出证券交易、证券划转指令的,应当保证指令真实、准确。因证券公司的过错导致指令错误,造成客户损失的,客户可以依法要求证券公司赔偿,但不影响证券交易所、证券登记结算机构正在执行或者已经完成的业务操作。

第二十条 证券公司融资融券的金额不得超过其净资本的4倍。

证券公司向单一客户或者单一证券的融资、融券的金额占其净资本的比例等风险控制指标,应当符合证监会和证券交易所的规定。

第二十一条 客户融资买入证券的,应当以卖券还款或者直接还款的方式偿还向证券公司融入的资金。

客户融券卖出的,应当以买券还券或者直接还券的方式偿还向证券公司融入的证券。

客户融券卖出的证券暂停交易的,可以按照约定以现金等方式偿还向证券公司融入的证券。

第二十二条 客户融资买入或者融券卖出的证券暂停交易,且交易恢复日在融资融券债务到期日之后的,融资融券的期限顺延。

融资融券合同另有约定的,从其约定。

第二十三条 客户融资买入或者融券卖出的证券预定终止交易,且最后交易日在融资融券债务到期日之前的,融资融券的期限缩短至最后交易日的前一交易日。融资融券合同另有约定的,从其约定。

第四章　债权担保

第二十四条　证券公司向客户融资、融券，应当向客户收取一定比例的保证金。保证金可以证券充抵。

第二十五条　证券公司应当将收取的保证金以及客户融资买入的全部证券和融券卖出所得全部价款，分别存放在客户信用交易担保证券账户和客户信用交易担保资金账户，作为对该客户融资融券所生债权的担保物。

第二十六条　证券公司应当在符合证券交易所规定的前提下，根据客户信用状况、担保物质量等情况，与客户约定最低维持担保比例、补足担保物的期限以及违约处置方式等。

证券公司应当逐日计算客户交存的担保物价值与其所欠债务的比例。当该比例低于约定的维持担保比例时，应当通知客户在约定的期限内补交担保物，客户经证券公司认可后，可以提交除可充抵保证金证券以外的其他证券、不动产、股权等资产。

客户未能按期交足担保物或者到期未偿还债务的，证券公司可以按照约定处分其担保物。

第二十七条　本办法第二十四条规定的保证金比例和可充抵保证金的证券的种类、折算率，第二十六条规定的最低维持担保比例和客户补交担保物的期限，由证券交易所规定。

证券交易所应当对可充抵保证金的各类证券制定不同的折算率要求。

证券公司在符合证券交易所规定的前提下，应当对可充抵保证金的证券折算率实行动态管理和差异化控制。

第二十八条　除下列情形外，任何人不得动用证券公司客户信用交易担保证券账户内的证券和客户信用交易担保资金账户内的资金：

（一）为客户进行融资融券交易的结算；

（二）收取客户应当归还的资金、证券；

（三）收取客户应当支付的利息、费用、税款；

（四）按照本办法的规定以及与客户的约定处分担保物；

（五）收取客户应当支付的违约金；

（六）客户提取还本付息、支付税费及违约金后的剩余证券和资金；

（七）法律、行政法规和本办法规定的其他情形。

第二十九条 客户交存的担保物价值与其债务的比例，超过证券交易所规定水平的，客户可以按照证券交易所的规定和融资融券合同的约定，提取担保物。

第三十条 司法机关依法对客户信用证券账户或者信用资金账户记载的权益采取财产保全或者强制执行措施的，证券公司应当处分担保物，实现因向客户融资融券所生债权，并协助司法机关执行。

第五章 权益处理

第三十一条 证券登记结算机构依据证券公司客户信用交易担保证券账户内的记录，确认证券公司受托持有证券的事实，并以证券公司为名义持有人，登记于证券持有人名册。

第三十二条 对客户信用交易担保证券账户记录的证券，由证券公司以自己的名义，为客户的利益，行使对证券发行人的权利。

证券公司行使对证券发行人的权利，应当事先征求客户的意见，并按照其意见办理。客户未表达意见的，证券公司不得行使对发行人的权利。

前款所称对证券发行人的权利，是指请求召开证券持有人会议、参加证券持有人会议、提案、表决、配售股份的认购、请求分配投资收益等因持有证券而产生的权利。

第三十三条 证券登记结算机构受证券发行人委托以证券形式分派投资收益的，应当将分派的证券记录在证券公司客户信用交易担保证券账户内，并相应变更客户信用证券账户的明细数据。

证券登记结算机构受证券发行人委托以现金形式分派投资收益的，应当将分派的资金划入证券公司信用交易资金交收账户。证券公司应当在资金到账后，通知商业银行对客户信用资金账户的明细数据进行变更。

第三十四条 客户融入证券后、归还证券前，证券发行人分配投资收益、向证券持有人配售或者无偿派发证券、发行证券持有人有优先认购权的证券的，客户应当按照融资融券合同的约定，在偿还债务时，向证券公司支付与所融入证券可得利益相等的证券或者资金。

第三十五条 证券公司通过客户信用交易担保证券账户持有的股票不计入其自有股票，证券公司无须因该账户内股票数量的变动而履行相应的信息报告、披露或者要约收购义务。

客户及其一致行动人通过普通证券账户和信用证券账户合计持有一家上市公司股票及其权益的数量或者其增减变动达到规定的比例时，应当依法履行相应的信息报告、披露或者要约收购义务。

第六章　监督管理

第三十六条 证券交易所应当根据市场发展情况，对融资融券业务保证金比例、标的证券范围、可充抵保证金的证券种类及折算率、最低维持担保比例等进行动态调整，实施逆周期调节。

证券交易所可以对单一证券的市场融资买入量、融券卖出量和担保物持有量占其市场流通量的比例、融券卖出的价格作出限制性规定。

证券公司应当在符合监管要求的前提下，根据市场情况、客户和自身风险承受能力，对融资融券业务保证金比例、标的证券范围、可充抵保证金的证券种类及折算率、最低维持担保比例和业务集中度等进行动态调整和差异化控制。

业务集中度包括：向全体客户融资、融券的金额占净资本的比例，单一证券的融资、融券的金额占净资本的比例，接受单只担保证券的市值占该证券总市值的比例，单一客户提交单只担保证券的市值占该客户担保物市值的比例等。

第三十七条 证券公司开展融资融券业务，应当建立完备的管理制度、操作流程和风险识别、评估与控制体系，确保风险可测、可控、可承受。

证券公司应当对融资融券业务实行集中统一管理。融资融券业务的决策和主要管理职责应当由证券公司总部承担。

证券公司应当建立健全融资融券业务压力测试机制，定期、不定期对融资融券业务的流动性风险、信用风险、市场风险、技术系统风险等进行压力测试，根据压力测试结果对本办法第三十六条第三款所规定的本公司相关指标进行优化和调整。

第三十八条 证券交易所应当按照业务规则，采取措施，对融资融券交易的指令进行前端检查，对买卖证券的种类、融券卖出的价格等违反规定的交易指令，予以拒绝。

单一证券的市场融资买入量、融券卖出量或者担保物持有量占其市场流通量的比例达到规定的最高限制比例的，证券交易所可以暂停接受该种证券的融资买入指令或者融券卖出指令。

第三十九条 融资融券交易活动出现异常，已经或者可能危及市场稳定，有必要暂停交易的，证券交易所应当按照业务规则的规定，暂停部分或者全部证券的融资融券交易并公告。

第四十条 证券登记结算机构应当按照业务规则，对与融资融券交易有关的证券划转和证券公司信用交易资金交收账户内的资金划转情况进行监督。对违反规定的证券和资金划转指令，予以拒绝；发现异常情况的，应当要求证券公司作出说明，并向证监会及该公司住所地证监会派出机构报告。

第四十一条 中国证券金融公司应当按照业务规则，要求证券公司及时、准确、真实、完整报送融资融券业务有关数据信息；对证券公司融资融券数据进行统计分析，编制定期报告和专项报告，报送证监会；监测监控融资融券业务风险，对发现的重大业务风险情况，及时报告证监会。

第四十二条 证券公司融资融券业务涉及的客户信用交易资金应当纳入证券市场交易结算资金监控系统，证券公司、存管银行、登记结算机构等应当按要求向中国证券投资者保护基金公司报送相关数据信息。

第四十三条 负责客户信用资金存管的商业银行应当按照客户信用资金存管协议的约定，对证券公司违反规定的资金划拨指令予以拒绝；发现异常情况的，应当要求证券公司作出说明，并向证监会及该公司住所地证监会派出机构报告。

第四十四条 证券公司应当按照融资融券合同约定的方式，向客户送交对账单，并为其提供信用证券账户和信用资金账户内数据的查询服务。

证券登记结算机构应当为客户提供其信用证券账户内数据的查询服务。负责客户信用资金存管的商业银行应当按照客户信用资金存管协议的约定，为客户提供其信用资金账户内数据的查询服务。

第四十五条 证券公司应当通过有效的途径，及时告知客户融资、融券的收费标准及其变动情况。

第四十六条 证券公司应当按照证券交易所的规定，在每日收市后向其报告当日客户融资融券交易的有关信息。证券交易所应当对证券公司报送的信息进行汇总、统计，并在次一交易日开市前予以公告。

第四十七条 证监会及其派出机构、中国证券业协会、证券交易所、证券登记结算机构、中国证券金融公司依照规定履行证券公司融资融券业务监管、自律或者监测分析职责，可以要求证券公司提供与融资融券业务有关的信息、资料。

第四十八条 证监会派出机构按照辖区监管责任制的要求，依法对证券公司及其分支机构的融资融券业务活动中涉及的客户选择、合同签订、授信额度的确定、担保物的收取和管理、补交担保物的通知，以及处分担保物等事项进行非现场检查和现场检查。

第四十九条 对违反本办法规定的证券公司或者其分支机构，证监会或者其派出机构可采取责令改正、监管谈话、出具警示函、责令公开说明、责令参加培训、责令定期报告、暂不受理与行政许可有关的文件、暂停部分或者全部业务、撤销业务许可等相关监管措施；依法应予行政处罚的，依照《证券法》、《行政处罚法》等法律法规和证监会的有关规定进行处罚；涉嫌犯罪的，依法移送司法机关，追究其刑事责任。

第七章 附 则

第五十条 负责客户信用资金存管的商业银行，应当是按照规定可以存管证券公司客户交易结算资金的商业银行。

第五十一条 本办法所称专业机构投资者是指：经国家金融监管部门批准设立的金融机构，包括商业银行、证券公司、基金管理公司、期货公司、信托公司和保险公司等；上述金融机构管理的金融产品；经证监会或者其授权机构登记备案的私募基金管理机构及其管理的私募基金产品；证监会认可的其他投资者。

第五十二条　证券交易所、证券登记结算机构和中国证券业协会依照本办法的规定，制定融资融券的业务规则和自律规则，报证监会批准后实施。

第五十三条　本办法自公布之日起施行。2011年10月26日发布的《证券公司融资融券业务管理办法》（证监会公告〔2011〕31号）同时废止。